CYNNWYS

Tymor y Gwanwyn

Wasanaethau Cynradd

CASGLIAD O WASANAETHAU CRISTNOGOL YN ADDAS AR GYFER ARWAIN ADDOLIAD GYDA PHLANT OED CYNRADD

gan
Huw John Hughes

CYHOEDDIADAU'R
GAIR

Gair am yr awdur: Huw John Hughes

Mae addoliad ar y cyd/gwasanaethau wedi bod yn faes y mae Huw John Hughes wedi ymddiddori ynddo ers blynyddoedd lawer. Yn wir dyna sut y bu i ni gyfarfod am y tro cyntaf, bron i bum deg o flynyddoedd yn ôl, pan ddaeth i'r Coleg Normal i gwblhau B Add (ôl radd fel yr oedd ar y pryd) gyda thraethawd hir ar 'Addoli ar y cyd mewn ysgolion cynradd'. Cefais y fraint o'i 'diwtora' dros y cyfnod ond a dweud y gwir doedd, hyd yn oed yr adeg hynny, ddim angen 'tiwtor' ar Huw. Cyflawnodd y dasg gyda'i fanylder arferol ac mae'n siŵr bod yr hyn wnaeth yn y cyfnod hwnnw wedi bod yn sylfaen gadarn i'w ddarpariaethau ymarferol ar gyfer addoliad plant yn yr ysgolion y bu'n gweithio ynddynt dros y blynyddoedd. Mae'n unigolyn unigryw iawn ac yn 'arbenigwr' nid yn unig ym maes addoliad ond hefyd yr amgylchedd, addysg grefyddol ac wrth gwrs y Gymraeg. Mae wedi cyfrannu yn helaeth i ddeunyddiau cwricwlaidd ysgolion yn ogystal â llyfrau amrywiol i blant ac oedolion. Yn y gyfrol hon cawn gyfraniad amheuthun a fydd yn sicr o fod yn gymorth amhrisiadwy i gynnal addoli ar y cyd yn ein hysgolion. Rhaid cofio mai adlewyrchu'r gymuned y mae gofynion y ddeddf yn ei ofyn am addoliad ar y cyd ac felly does dim problem o gwbl i gynnal gwasanaethau hollol Gristnogol yn y rhelyw o gymunedau Cymru. Y mae'r gofynion yn hollol wahanol ar gyfer addysg grefyddol a'r maes llafur cytûn lleol. Gobeithio y bydd yr athrawon yn gwerthfawrogi'r cyfraniad ac y bydd y disgyblion yn mwynhau addoli.

Rheinallt Thomas

* Cyhoeddiadau'r Gair 2018
Testun gwreiddiol: Huw John Hughes
Golygydd Testun: Mair Jones Parry
Golygydd Cyffredinol: Aled Davies
Cynllun y clawr: Rhys Llwyd

Dymuna'r cyhoeddwyr gydnabod cymorth Adran Grantiau Cyngor Llyfrau Cymru.
Diolch i Gymdeithas y Beibl am bob cydweithrediad
wrth ddyfynnu o'r Beibl Cymraeg Newydd Diwygiedig a beibl.net.

Cyhoeddwyd gan
Cyhoeddiadau'r Gair, Cyngor Ysgolion Sul Cymru,
Ael y Bryn, Chwilog, Pwllheli, Gwynedd LL53 6SH.
www.ysgolsul.com

Tymor yr Haf

Rhagarweiniad

Mi wn i, o brofiad, eich bod yn brysur. Mae bywyd ysgol y dyddiau hyn yn mynd â'ch holl egni. Felly, wna i mo'ch cadw chi efo traethiad hirwyntog. Yr unig beth sydd gen i i'w ddweud yw fod y gyfrol hon yn gymorth parod ar eich cyfer. Mae gofynion y Ddeddf yn mynnu bod yn rhaid cynnal gwasanaeth ar gyfer y plant yn yr ysgol. Ac mae hi'n mynd yn fwy anodd cael gafael ar ddeunyddiau addas, ond mwy na hynny mae angen chwilio a chwalu i gael gwybodaeth a gwneud yn saff fod y deunyddiau yn ddiddorol ac o fewn byd a phrofiad y plentyn.

Mae pob un o'r 66 o wasanaethau yn y gyfrol hon yn dechrau gyda'r hyn sy'n gyfarwydd i'r plant. Egwyddor bwysig ym myd addysg, yn enwedig addysg grefyddol, yw cychwyn gyda'r hyn sy'n brofiad neu'n rhan o fywyd pob dydd y plant a defnyddio'r profiad wedyn i geisio dehongli a dadansoddi'r anghyfarwydd.

Mae'n amhosibl creu cyfrol o wasanaethau sy'n gweddu'n berffaith i bob ysgol gan fod pob sefydliad yn amrywio o ran niferoedd, oedran, cefndiroedd a diddordebau. Pwrpas y gyfrol hon yw cynnwys amrediad o bynciau gwahanol sy'n ymwneud â byd y plentyn ynghyd ag amrywiaeth o gyflwyniadau, ac o'u haddasu gellir eu defnyddio ar gyfer anghenion eich ysgol chi.

Os ydi plant i ddeall, dysgu a chael profiadau ysbrydol o'r gwasanaethau hyn mae'n bwysig eu bod yn berthnasol i'w bywydau. Profiad cymunedol yw addoliad, boed addoliad dosbarth neu ysgol gyfan. Mae'n hanfodol hefyd eu cyflwyno mor ddiddorol a phleserus â phosibl.

Mae rhai o'r gwasanaethau hyn wedi'u cynllunio i gael eu cyflwyno gan yr arweinydd yn unig. Mae eraill wedi'u cynllunio gyda'r bwriad o gynnwys unigolion yn y cyflwyniadau. Fel pob rhan o fywyd ysgol bydd angen paratoi ymlaen llaw gan gofio bod angen y cyfarpar angenrheidiol. Bydd angen addasu rhai awgrymiadau ar gyfer eich anghenion penodol.

Awgrymaf ddechrau pob addoliad gyda'r plant a'u profiadau, a bydd hyn yn cynnwys y plant o'r cychwyn. Onid ydi'n hen bryd i ni dderbyn plant fel plant a rhoi cyfle iddyn nhw fod yn blant a chael gwerthfawrogi'r holl brofiadau sy'n perthyn i gyfnod plentyndod? Ceisiwch wneud yr addoliad yn brofiad arbennig, gwahanol yn eu bywydau.

Dyma rai argymhellion:

Y plant i ymgynnull yn dawel neu i sŵn cerddoriaeth. Os yn bosibl, byddai'n dda i'r plant eistedd ar gadeiriau gan fod eistedd ar lawr yn gallu bod yn ddiflas a phoenus, a bydd eistedd ar gadeiriau yn creu naws wahanol a hynny'n ei dro yn creu'r argraff fod addoliad yn brofiad gwahanol.

Yn hytrach na chael y plant i eistedd yn rhesi un tu ôl i'r llall ceisiwch greu hanner cylch gyda'r arweinydd yn y canol. Mae hyn yn help i bawb fod yn rhan o'r gwasanaeth. Gall yr arweinydd sefyll neu eistedd a dylid amrywio hyn yn gyson o'r ffurfiol i'r anffurfiol.

Amseru: mae hi'n anodd iawn pennu amser pendant ond yn ôl synnwyr y fawd y peth gorau yw cynnal gwasanaeth byr gan gofio bod y plant wedi bod yn eistedd yn llonydd am gyfnod hirach na'r arfer.

Cofiwn fod plant y dyddiau hyn yn byw a bod mewn sefyllfaoedd gweledol ac felly'n fwy parod i ymateb i ddelweddau gweledol. Bydd hyn yn ei dro yn hyrwyddo'r neges a bydd y plant yn cofio'r neges a'i harwyddocâd.

Ymhob un o'r gwasanaethau hyn mae gweddi fer, adnod neu ddarlleniad o'r Beibl, emyn neu gân grefyddol a chyfle i fyfyrio ar ddyfyniad a'i drafod. Mae'r emynau i gyd yn dod o'r cyfrolau hyn:

Canu Clod 1 a 2! - 2 gyfrol, Delyth Wyn (gol.), Cyhoeddiadau'r Gair

Clap a Chân i Dduw, Eddie Jones a Falyri Jenkins, Y Lolfa

Mwy o Glap a Chân, Eddie Jones ac Ann Morgan, Y Lolfa

Caneuon Ffydd, Pwyllgor y Llyfr Emynau Cyd-enwadol

Dylid cynnwys cyfnodau byr o ddistawrwydd yn ystod y gwasanaeth ar gyfer myfyrdod personol. Gall addoliad fod yn gyfnod dyrchafol yng nghanol prysurdeb a bwrlwm bywyd ysgol.

Bydd angen i chi baratoi pob gwasanaeth ymlaen llaw gan wneud yn siŵr fod y cynnwys yn addas i chi. Peidiwch â bod ofn newid ac addasu ar gyfer eich anghenion. Gwnewch yn siŵr fod yr holl gyfarpar yn barod. Does yna ddim byd gwaeth na sylweddoli ar yr unfed awr ar ddeg nad ydi'r bwrdd gwyn yn gweithio neu eich bod wedi anghofio cynnwys yr offer pwysicaf!

Mae'n syniad da cysylltu'r gwasanaethau â thema a gellir ychwanegu at hyn ymhellach ymlaen yng ngweithgarwch y dosbarth. Pwrpas pennaf y gwasanaeth yw arwain y plant i dreiddio i dawelwch a myfyrdod ac felly mae'n bwysig cyfarch y plant yn dawel a chyfeillgar. Croesawu'r plant ac ar y diwedd eu gollwng yn dawel-foneddigaidd a thrwy hynny arddangos parch. Dylid, hefyd, gynnwys cyfnod penodol o dawelwch yn ystod y gwasanaeth.

Mae'n bwysig bod yn wrandäwr da. Gwrandewch ar gyfraniad yr unigolion gan edrych arnyn nhw a dangos trwy ystum eich corff eich bod yn gwrando ar eu cyfraniadau.

Y rheol aur. Cyflwynwch y gwasanaeth yn syml gan fod gennych amrediad oed a hefyd amrediad deallusrwydd yn eistedd o'ch blaen, a cheisiwch gadw at neges yr addoliad. Ceisiwch, pan fyddwch yn cyflwyno neges anghyfarwydd, egluro eich neges gyda rhywbeth gweledol a hynny o fewn profiad y plant. Ar ddiwedd y gwasanaeth ceisiwch gadarnhau'r neges yn syml.

Peidiwch byth â defnyddio'r addoliad i gyhoeddi digwyddiadau na chwaith i geryddu a chosbi. Ceisiwch gadw'r naws ysbrydol drwy'r cyfan.

Mae cydadwaith cynnes a chyfeillgar rhwng yr arweinydd a'r plant yn hanfodol.

Mae'r deunyddiau wedi'u rhannu dan dri thymor yr ysgol a'u gosod yn nhrefn yr wyddor. Does dim rhaid cadw'n ddeddfol at y drefn. Gallwch ddefnyddio gwasanaethau o'r tri thymor fel y dymunwch ond mae rhai, fel y gwyliau crefyddol, i'w defnyddio yn y tymhorau cywir. Mae'r cysyniad sy'n amlygu ei hun ymhob gwasanaeth wedi'i grynhoi wrth ochr y teitl ar dudalen y cynnwys. Defnyddiwch y deunyddiau fel y mynnwch a mwynhewch.

Huw John Hughes

Tymor yr Hydref

Adeiladau

Cysyniadau:	**Gwrando, gosod esiampl, penderfyniad, ymddiriedaeth.**
Amcan:	**Dangos pa mor bwysig ydi gosod sylfaen gadarn i'n bywyd.**
Cyfarpar:	**Lluniau o wahanol adeiladau.**

Cyflwyniad:
● Holi'r plant am wahanol adeiladau yn eu hardal.
Tai, ysgol, llyfrgell, meddygfa, ysbyty, banciau, fflatiau, siopau, eglwysi, capeli, mosg, synagog.

● Beth ydi pwrpas yr adeiladau hyn?
Adeiladau i fyw ynddyn nhw, adeiladau i ddysgu, adeiladau i'n gwella pan fyddwn yn sâl, adeiladau i gael bwyd, adeiladau i gael arian, adeiladau i addoli.

● Holi'r plant i ba adeiladau y byddan nhw'n mynd?

● Sut adeiladau ydyn nhw?
Disgrifio'r adeilad – y to, y waliau allanol, y drysau a'r ffenestri.
Yna disgrifio'r tu mewn, e.e. y llyfrgell yn llawn o lyfrau, yr archfarchnad yn llawn o fwydydd.

● Disgrifio'r neuadd neu'r ystafell ddosbarth – cyfeirio at bensaernïaeth yr ystafell: y nenfwd, ydi o'n isel; y waliau, pa mor drwchus; y ffenestri,

ai gwydr dwbl, ffenestri bach neu fawr? Faint o ddrysau?
Oes modd gwella ar bensaernïaeth yr ystafell?
Mwy o ffenestri, gostwng y nenfwd, mwy nag un drws?

● Beth ydi'r rhan bwysicaf o'r adeilad? Y to, y waliau?
Na, mae'r rhan bwysicaf o'r golwg. Dyma'r sylfaen.

● Mae'r adeilad i gyd wedi'i adeiladu ar sylfaen gadarn.
Dyma sy'n gwneud yr adeilad yn ddiogel.

Trafodaeth bellach:

● Fel y mae pob adeilad angen sylfeini cadarn mae angen sylfaen
gadarn ar gyfer ein bywyd.

● Beth fyddai'n sylfaen dda i'n bywyd ni?

● Beth am ddysgu caru a derbyn pawb?
Ac o garu pawb yna mae'n rhaid eu helpu. Dim ots pwy ydyn nhw.

Stori:

Dywedodd Iesu stori wrth ei ffrindiau am ddau dŷ.

*Wrth i'r bobl wrando ar eiriau Iesu, roedden nhw'n rhannu'n
ddau grŵp. Roedd rhai'n awyddus iawn i glywed mwy, ac am wybod
sut i ufuddhau i Dduw. Roedd eraill yn amheus, a hyd yn oed yn ddig
wrth wrando arno'n dysgu. Roedd ei ddull o ddysgu mor wahanol i
ffordd y bobl grefyddol, y Phariseaid. Felly dyma Iesu'n dweud stori
wrthyn nhw.*

*'Os byddwch yn gwrando ac yn gwneud popeth rwy'n ei ddweud
wrthoch chi, yna byddwch yn debyg i ddyn doeth a adeiladodd dŷ ar
y graig. Cyn iddo ddechrau adeiladu, gwnaeth yn siŵr fod y tŷ wedi'i
osod ar sylfeini cadarn. Pan ddechreuodd y glaw guro, a'r gwynt
hyrddio o gwmpas, wnaeth y tŷ ddim syrthio. Arhosodd y tŷ'n solet a
chadarn.*

*'Ond os na fyddwch chi'n cymryd sylw, ac yn gwrthod gwrando,
byddwch yn debyg i ddyn ffôl a gododd ei dŷ ar dywod. Pan oedd y*

*gwynt yn hyrddio, a'r glaw yn pistyllio, syrthiodd y tŷ am nad oedd
y sylfeini'n ddigon cadarn. Dymchwelodd y muriau, y to a'r drws a
chollwyd popeth.*

*'Peidiwch â bod fel y dyn ffôl, yn edifar pan fydd yn rhy hwyr i
newid pethau. Byddwch fel y dyn doeth; gwrandewch yn ofalus ac
ewch ati i ddilyn fy nghyfarwyddiadau.'*

Beibl Lliw Stori Duw tt. 233–234

Trafodaeth bellach:

● Pam na ddymchwelodd y tŷ a adeiladwyd ar y graig?

● Beth ddigwyddodd i'r tŷ a adeiladwyd ar y tywod?

● Pa un o'r dynion oedd wedi gwrando ar neges Iesu?

Dyfyniad o'r Beibl:

Am hynny, calonogwch eich gilydd, ac adeiladwch bob un ei gilydd.

1 Thesaloniaid 5:11 BCND

Emyn: Y dyn adeiladodd: Canu Clod 416

Munud i feddwl:

Addysg ydi'r sylfaen i baratoi ar gyfer y dyfodol.

Myfyrdod/Gweddi:

Dowch i ni feddwl am y rhai rydyn ni'n eu caru.
Rhieni, brodyr a chwiorydd ac aelodau eraill o'r teulu.
Ffrindiau ac athrawon yn yr ysgol.
Cariad ydi'r sylfaen i adeiladu ein bywydau arno. Amen.

Bananas – Masnach Deg

Cysyniadau:	**Tegwch, cyfiawnder.**
Amcan:	**Dangos fel mae Masnach Deg yn cyfrannu i hybu cyfiawnder a thegwch.**
Cyfarpar:	**Dwy neu dair banana, bathodyn Masnach Deg sydd i'w weld ar gynhyrchion a 100 o geiniogau (rhai ffug neu rai iawn).**

Cyflwyniad:

Mae wedi bod yn ddiwrnod prysur arall yn y blanhigfa fananas. Dyna lle mae'r gweithiwr yn eistedd wrth ymyl llwyth o fananas sy'n barod i fynd ar eu taith i bedwar ban byd. Bydd y rhain yn cael eu gwerthu mewn siopau ac archfarchnadoedd am bris uchel. Ond i ble mae'r arian yn mynd a faint o'r elw fydd yn mynd yn ôl i'r blanhigfa ac i'r gweithwyr?

Dowch i ni wrando ar stori dau, bachgen a geneth. Mae Ben yn gweithio efo'i dad yn tyfu bananas yn Ecuador yn Ne America ac mae Rosa yn gweithio efo'i thad yn tyfu ffa coffi yn Ethiopia ar gyfandir Affrica.

Ben:

Ben ydi fy enw i ac mi ydw i'n naw oed. Rydw i'n helpu Dad i dyfu bananas. Mae fy nhri brawd a'm chwaer yn helpu hefyd. Pan fydd hi'n brysur iawn bydd Mam yn rhoi help llaw hefyd. Rydyn ni fel teulu yn codi o gwmpas chwech o'r gloch y bore ac yn gweithio'n galed drwy'r dydd nes bydd yr haul yn machlud.

Ond eleni mae rhywbeth trist iawn wedi digwydd. Pan oedden ni wrthi'n cynaeafu'r bananas, ac roedd miloedd ohonyn nhw'n barod i fynd i wledydd eraill yn Ewrop, dyma'r cwmni oedd yn prynu ein bananas yn dweud eu bod wedi taro bargen efo ffermwr arall oedd yn barod i werthu am bris gwell. Nid pris gwell i ni ond pris gwell iddyn nhw sef llai o arian i ni. Felly, mae miloedd o fananas wedi aeddfedu yn barod i fynd a does 'na neb yn barod i'w prynu. Fydd 'na 'run geiniog yn dod i mewn ac felly fydd 'na ddim digon o arian i brynu bwyd am wythnosau. Ac mae'r saith yn ein teulu yn dibynnu'n llwyr ar yr elw gawn ni am y bananas. Ond eleni fydd 'na ddim ceiniog.

Rosa:
Dydw i ddim yn cael mynd i'r ysgol fel chi. Mae'n rhaid i mi aros adref efo fy rhieni, fy chwaer a'm dau frawd. Rydyn ni'n tyfu ffa coffi ar y fferm yn Ethiopia. Mae'n waith caled iawn. Mae'n golygu casglu'r ffa coffi, yna eu rhannu a'u sychu nes eu bod yn barod i gael eu gwerthu i wledydd cyfoethog y byd.

Ychydig iawn o arian y mae'n teulu ni yn ei gael. Mae'r cwmni sy'n prynu'r ffa coffi gan fy rhieni yn cadw'r gweddill. Mae'r bobl sy'n prynu'r ffa yn gyrru ceir mawr drud ac yn byw mewn tai drudfawr ac yn cael digonedd o fwyd ac mae eu plant yn cael mynd i'r ysgolion. Ond does gennym ni fawr ddim.

Trafodaeth bellach:

● Nodwch y pethau sy'n debyg ym mywydau Ben a Rosa.

● Sut byddech chi'n disgrifio eu ffordd o fyw?

● Yn hanes Ben a Rosa pwy sy'n elwa?

● Pa waith fyddech chi'n ddewis? Gweithio yn y blanhigfa neu yn yr archfarchnad?

● Ydych chi'n credu bod yr arian yn cael ei rannu'n deg?

● Dowch i ni weld ydi hyn yn deg? Dyma 100 o geiniogau.
Mae'r dyn sy'n cadw'r siop yn cadw 32 o'r ceiniogau.
Mae 26 o'r ceiniogau yn mynd i dalu am gludo'r bananas o siediau aeddfedu i'r siop.

Mae 19 o'r ceiniogau yn mynd i'r rhai sy'n aeddfedu bananas ar ôl iddyn nhw gyrraedd Prydain.

Mae 13 o'r ceiniogau yn mynd i'r rhai sy'n cludo'r bananas o'r blanhigfa i'r porthladd i'w hallforio.

Dim ond 10 ceiniog sy'n mynd i'r gweithiwr sydd wedi gweithio'n galed i'w tyfu.

● Ydi hyn yn deg?

Dyfyniad o'r Beibl:

Mae gan Iesu stori am weithwyr yn y winllan. Mae'r cyflogwr yn mynd i chwilio am weithwyr ac meddai wrthyn nhw, 'Ewch chwi hefyd i'r winllan, ac fe dalaf i chwi beth bynnag fydd yn deg.'

Mathew 20:4 BCND

Emyn: Mae Iesu Grist yn aros: Canu Clod 263

Munud i feddwl:

Mae masnach deg yn golygu bod pawb ar ei ennill.

Myfyrdod/Gweddi:

Dowch i ni feddwl am y rhai sy'n gweithio'n galed am y nesa peth i ddim. Sut gallwn ni wneud byd tecach? O Dduw, rydw i eisiau bod yn deg efo pawb. Amen.

Canhwyllau

Cysyniadau:	**Derbyn eraill, gwerthfawrogiad, goddefgarwch, rhannu.**
Amcan:	**Dangos cysylltiadau rhwng gwahanol grefyddau.**
Cyfarpar:	**Golau cannwyll. Canhwyllbren Menorah neu Hanukiah os yn bosibl.**

Cyflwyniad:

● Holi'r plant ynglŷn â pha bryd y maen nhw'n gweld canhwyllau wedi'u goleuo. Nadolig. Pen-blwydd. Mewn eglwys neu gapel.

● Mae canhwyllau wedi'u defnyddio ers amser maith gan sawl crefydd. Mae'r Iddewon, yr Hindŵiaid, y Bwdistiaid a Christnogion yn eu defnyddio yn eu haddoliad.

● Mae'r gannwyll yn symbol o oleuni ac o ddaioni.

Gwyliau'r Goleuni

Gwyliau Cristnogol:

Adeg y Nadolig bydd Cristnogion yn goleuo canhwyllau yn symbol o Iesu Goleuni'r Byd. Hefyd, bydd canhwyllau yn cael eu cynnau ar 2 Chwefror sef Gŵyl Fair y Canhwyllau. Dyma'r adeg pan gafodd y baban Iesu ei dderbyn yn y deml gan Simeon. Dywedodd Simeon y geiriau hyn am Iesu: "Rwyt wedi'i roi i'r bobl i gyd; yn olau er mwyn i genhedloedd eraill allu gweld." Luc 2:31–32 beibl.net

Gwyliau Bwdïaidd:

Ar ŵyl Magha Puja, bydd 1250 o ganhwyllau'n cael eu cynnau yn y temlau i gofio'r adeg pan benderfynodd 1250 o bobl ddilyn dysgeidiaeth Bwda.

Gwyliau Hindŵaidd:

Yn ystod gŵyl Diwali, gŵyl y flwyddyn newydd, bydd Hindŵiaid yn cynnau canhwyllau i groesawu Lakshmi, duwies ffyniant, i'w tai.

Gwyliau Iddewig:

Yn ystod mis Rhagfyr, bydd yr Iddewon yn cynnau canhwyllau yn ystod gŵyl Hanukkah sy'n para am wyth diwrnod.

Stori Hanukkah:

Amser maith yn ôl roedd gan yr Iddewon arweinydd cas a chreulon o'r enw Antiochus. Doedd Antiochus ddim yn gadael i'r Iddewon addoli Duw ac felly aeth ati i ddinistrio eu teml.

Ffyrnigodd hyn yr Iddewon. Daeth criw ohonyn nhw at ei gilydd dan arweiniad Judas Maccabeus, ac ymladd yn erbyn Antiochus a hawlio eu teml yn ôl. Pan aethon nhw i mewn i'r deml gwelsant fod difrod mawr wedi'i wneud. Dyma nhw'n mynd ati i lanhau'r deml drwyddi. Pan aethon nhw ati i gynnau lamp y deml dim ond ychydig iawn o olew oedd ynddi.

Pan gyneuon nhw'r lamp roedden nhw'n disgwyl iddi gynnau am un noson yn unig ond yn wir mi fuo'r lamp yn olau am wyth diwrnod. Penderfynodd Judas Maccabeus fod yn rhaid i'r Iddewon, o hynny ymlaen, gofio am y wyrth hon a dathlu am wyth diwrnod. Yr enw ar yr ŵyl hon ydi Hanukkah.

Yng nghhartrefi'r Iddewon, mae canhwyllbren fawr, y Menorah neu'r Hanukiah, yn cael ei rhoi ar sil y ffenestr er mwyn i bawb gael gweld golau'r canhwyllau. Mae gan y Menorah naw braich a channwyll ar bob un braich. Gyda'r nos pan fydd y canhwyllau yn cael eu goleuo bydd y teulu cyfan yn gweddïo. Mae'r Iddewon yn diolch i Dduw am eu gwarchod a'u cadw'n ddiogel.

Bydd y plant wrth eu boddau yn ystod yr ŵyl hon. Pam tybed? Wel, fe fyddan nhw'n bwyta bwydydd arbennig ac yn cael anrhegion ar bob un o'r wyth diwrnod. Does dim rhyfedd bod y plant yn hapus!

Emyn: Goleuni y byd: Canu Clod 196

Dyfyniad o'r Beibl:
Dywedodd Iesu, "Fi ydy golau'r byd." Ioan 8:12 beibl.net

Munud i feddwl:
Boed i gariad a goleuni lenwi'ch tŷ a'ch calon yn ystod Gŵyl Hanukkah.

Myfyrdod/Gweddi:
Diolch am gael gwybod sut mae pobl eraill yn addoli. Mae'n bwysig ein bod yn dysgu mwy am grefyddau eraill er mwyn i ni ddod i'w deall ac o'u deall i ddysgu cyd-fyw. Diolch. Amen.

Cardiau Nadolig

Cysyniadau: Llawenydd, mwynhad, meddwl am eraill.

Amcan: Gwerthfawrogi llawenydd y Nadolig a chofio am eraill.

Cyfarpar: Tri cherdyn Nadolig gwahanol. Un moel, dim ond ysgrifen arno; un lliwgar, ac un yn chwarae darn o gerddoriaeth wrth ei agor.

Cyflwyniad:

● Mae cyfnod y Nadolig yn gyfnod diddorol a chynhyrfus. Dyma'r adeg y bydd y postmon yn galw efo cardiau a pharseli. Dyma'r adeg i ysgrifennu cardiau at eich teulu a'ch ffrindiau. (Mewn sawl ysgol mae blwch postio i'r plant gael anfon cardiau Nadolig i'w ffrindiau yn yr ysgol. Bydd plant y gwahanol ddosbarthiadau yn cael cyfle i gasglu, dosbarthu a rhannu'r cardiau o ddosbarth i ddosbarth. Efallai y bydd cardiau i'r athrawon, staff y gegin a'r gofalwyr hefyd.)

● Arddangos y tri cherdyn. Mae'r cyntaf yn foel heb ddim ond ysgrifen 'Nadolig Llawen' arno ond mae'r ail yn fwy lliwgar. Mae ysgrifen ar hwn hefyd ond mae llun Mair a Joseff a'r baban Iesu arno neu efallai robin goch neu olygfa aeafol. Trafod y gwahaniaethau gyda'r plant:

● Pa un sy'n apelio atyn nhw? Pam?

● A ddylid cael llun o wir ystyr y Nadolig ar bob cerdyn Nadolig?

● Beth am lun y robin goch ar gardiau Nadolig? Yn yr hen ddyddiau yr enw a roddwyd ar y postmyn oedd 'robin' am eu bod yn gwisgo gwisg oedd yn goch llachar fel bron y robin. Mae'r robin hefyd yn aderyn a welir yn bur aml yn chwilio am fwyd yn ystod y tymor oer, a hefyd mae'n un o'r adar a glywir yn canu yn ystod y gaeaf. Yn ôl un chwedl cafodd y robin ei fron goch wrth iddo fegino fflamau'r tân yn y stabl i gynhesu'r baban Iesu a llosgi'r plu ar ei fron yn y broses.

● Mae hanes y cardiau Nadolig cyntaf yn mynd yn ôl i Nadolig 1843 pan argraffwyd ychydig dros ddwy fil gan Rowland Hill a'u gwerthu am swllt (5c) yr un. Byddai hynny o gwmpas £2 yr un heddiw! Erbyn heddiw mae pobl ym Mhrydain yn anfon biliwn o gardiau Nadolig, sef mwy na dwsin ar gyfer pob dyn, dynes a phlentyn ym Mhrydain, sy'n werth £200 miliwn.

● Mae'r trydydd cerdyn yn wahanol. Agorwch hwn yn araf ac fel y byddwch yn ei agor bydd miwsig Nadoligaidd i'w glywed. (Bydd rhain i'w cael yn eich siopau lleol neu ar y we). Dyma gerdyn sy'n debyg ar yr olwg gyntaf i'r ddau arall ond mae'n gwbl wahanol.

Trafodaeth bellach:

● Mae pobl yn debyg i'r cerdyn hwn. Pan ydyn ni'n eu cyfarfod am y tro cyntaf maen nhw'n edrych yn ddigon cyffredin, yn union fel pobl eraill. Ond wrth i ni ddod i'w hadnabod, rydym yn darganfod bod ganddyn nhw nodweddion sy'n cyfoethogi bywydau pobl eraill. Mae rhai pobl yn byw er mwyn pobl eraill.

● Glywsoch chi erioed am y Samariaid? Pobl ydi'r rhain sy'n barod i wrando a helpu pobl eraill. Er mai adeg hapus ydi'r Nadolig bydd llawer iawn o bobl yn teimlo'n unig a thrist. Dyma'r adeg maen nhw angen help.

Stori:

Chad Varah oedd enw'r dyn a gychwynnodd fudiad y Samariaid a hynny am fod merch ifanc ddeunaw oed wedi marw. Roedd hi wedi lladd ei hun. Roedd llawer o bobl yn dweud y byddai wedi byw petai wedi cael rhywun i wrando arni. Penderfynodd Chad Varah, oedd yn offeiriad, y byddai drws ei eglwys yn Llundain yn agored yn ystod y dydd a'r nos i wrando ar bobl a cheisio'u helpu.

Mae tad Arwen yn un o'r Samariaid. Dyma oedd ganddo i'w ddweud. 'Mi fydda i'n treulio dwy awr ar y tro bob wythnos yn eistedd yn swyddfa'r Samariaid yn disgwyl i'r ffôn ganu. Un wythnos byddaf yn y swyddfa am ddwy awr yn ystod y dydd a thro arall am ddwy awr yn ystod y nos. Yn ystod y nos y bydda i'n cael y rhan fwyaf o alwadau. Mae pobl o bob oed yn galw ond mae'r mwyafrif yn bobl ifanc. Mae rhai yn teimlo'n unig. Mae rhai wedi ffraeo efo'u teulu a'u ffrindiau. Fy ngwaith i ydi gwrando arnyn nhw a rhoi gwybodaeth iddyn nhw am wahanol leoedd i gael help. Yn ystod tymor y Nadolig mi fydd y ffôn yn y swyddfa yn brysur iawn.'

● Dyn cyffredin ydi tad Arwen, ffermwr wrth ei waith, ond y mae'n gwneud gwaith anghyffredin.
● Mae tymor y Nadolig yn ein hatgoffa bod Iesu wedi'i eni fel pob babi arall. Wedi cael ei ddwyn i fyny gan Mair a Joseff. Wedi gweithio fel saer yn y gweithdy yn Nasareth. Ond fel yr oedd yn tyfu roedd o'n dweud a gwneud pethau gwahanol a rhyfeddol a hynny er lles pawb. Mae'r Nadolig yn ein hatgoffa bod babi bach cyffredin wedi tyfu i fyny i wneud pethau anghyffredin. Mae Iesu wedi dangos i ni sut i fyw bywyd ar ei orau.

Emyn/Carol: Dewch, ymunwch yn y dathlu: Canu Clod 106

Dyfyniad o'r Beibl:
"Ganwyd i chwi heddiw yn nhref Dafydd, Waredwr, yr hwn yw'r Meseia, yr Arglwydd ..." Luc 2:11 BCND

Munud i feddwl:
Mae Nadolig yn golygu llawer mwy nag agor anrhegion, mae'n gyfle hefyd i agor ein calonnau i helpu eraill.

Myfyrdod/Gweddi:
Wrth i ni fwynhau'r Nadolig gawn ni gofio am y rhai fydd yn ei chael hi'n anodd iawn i fwynhau?
Cofiwn am y plant fydd heb ddim. Ie, dim.

Cwymp y Dail

Cysyniadau:	**Gwerthfawrogiad, meddwl am eraill, dangos parch.**
Amcan:	**Gwerthfawrogi nodweddion y tymhorau.**
Cyfarpar:	**Detholiad o ddail ar y bwrdd. Un ddeilen werdd ymysg y dail sydd wedi newid eu lliw. Brigyn efo blagur arno.**

Cyflwyniad:
● Beth sydd wedi digwydd i'r dail?

● Ym mha dymor mae'r dail yn syrthio oddi ar y coed?

(Efo plant y Cyfnod Sylfaen nid oes rhaid manylu ar y rheswm pam mae'r dail yn syrthio ond gyda Chyfnod Allweddol 2 gellir ymhelaethu ar hyn.)

● Mae'r dail yn newid eu lliw ac yn syrthio i'r ddaear. Yn nhymor yr hydref maen nhw'n brydferth iawn yn amrywio o liwiau melyn, brown ac oren.

● Tynnu sylw at un ddeilen werdd yng nghanol y dail.

● Pwysleisio bod dau fath o goed yn tyfu yng Nghymru: coed sy'n colli eu dail – collddail a choed sydd â dail gwyrdd drwy'r flwyddyn – bythwyrdd.

Trafodaeth bellach:
● Pam fod y rhan fwyaf o'r coed collddail yn colli eu dail yn nhymor yr hydref? Trafod fel mae'r tywydd yn oeri, mwy o law a gwynt, a phopeth yr adeg hon o'r flwyddyn yn llonyddu.

● Trafod fel mae rhai adar fel y gog a'r wennol wedi hedfan i wledydd cynnes. Y rheswm am hyn yw fod y tywydd yn oeri a dim bwyd ar eu cyfer (pryfed a lindys ydi bwyd yr adar hyn).

● Dyma'r tymor y bydd rhai anifeiliaid yn mynd i gysgu dros y gaeaf, e.e. y draenog, y pathew, y neidr, y falwoden a'r ystlum. Dydi'r wiwer lwyd na'r wiwer goch ddim yn gaeafgysgu. Llonyddu mae'r wiwer goch ond mae'r wiwer lwyd yr un mor brysur ag erioed yn yr hydref a'r gaeaf.

● Pa dymor sy'n dilyn yr hydref? Bydd y tywydd yn gallu bod yn erwin iawn dros y gaeaf.

● Yn dilyn y gaeaf bydd y gwanwyn yn dod. Beth fydd yn digwydd i'r coed bryd hynny? Bydd y blagur yn agor. Dangos y brigyn sydd ar y coed yn barod dros y gaeaf. Beth fydd yn ymagor o'r blagur? Dail newydd gwyrdd ffres.

● Atgoffa'r plant o'r cylch dros y flwyddyn: hydref – dail yn syrthio; gaeaf – coed yn noeth; gwanwyn – dail newydd yn ymddangos; haf – dail ar eu gorau.

Stori:

'Beth sy'n bod?' gofynnodd y draenog i'r bioden, 'rwyt ti'n edrych ac yn swnio'n flin iawn heddiw.'

'Rydw i'n casáu'r hydref â chas perffaith,' meddai'r bioden.

'Pam felly?' holodd y draenog.

'Wel, yn y gwanwyn a'r haf mae'r coed i gyd yn llawn dail ac mi fedra i guddio yng nghanol y dail. Fydd yna'r un aderyn arall, na hyd yn oed greadur gwyllt arall, yn gallu fy ngweld. Ond yn yr hydref mae'r coed yn colli'u dail ac felly fedra i ddim cuddio. Does gen i ddim plu sy'n help i mi guddio. Plu du a gwyn sydd gen i. Dyna pam rydw i'n casáu'r hydref. Beth amdanat ti?' gofynnodd i'r draenog.

'Mi ydw i wrth fy modd yn yr hydref. Dyma'r tymor gorau o'r flwyddyn i gyd,' meddai'r draenog.

'Pam felly?' gofynnodd y bioden.

'Dyma'r adeg y bydda i'n paratoi i fynd i gysgu dros y gaeaf. Mae'r dail i gyd wedi syrthio oddi ar y coed ac wedyn mi fydda i'n gwneud gwely cynnes ohonyn nhw ac yn mynd iddo pan fydd y tywydd yn dechrau oeri. A dyna lle bydda i wedyn yn cysgu'n drwm nes daw y gwanwyn i 'neffro fi. Ond cofia, mae'n rhaid i mi fwyta digon o falwod a gwlithod i 'nghadw i fynd dros y gaeaf,' atebodd y draenog.

'Pawb at y peth y bo,' meddai'r bioden yn swta gan hedfan i ffwrdd.

Trafodaeth bellach:

● Pam oedd y bioden yn casáu'r hydref?
● Pam oedd y draenog mor hoff o dymor yr hydref?
● Ydych chi'n hoffi tymor yr hydref? Pam?

Emyn: Ti biau'r ddaear: Mwy o Glap a Chân 17

Munud i feddwl:
Hydref – gwên olaf y flwyddyn.   William Bryant

Mae tymor yr hydref yn cario mwy o aur yn ei boced na'r un tymor arall.   Jim Bishop

Hydref gwlyb – gaeaf caled.   Hen Ddywediad

Mae'r Beibl yn dweud bod yr adar yn gwybod pa bryd i adael y wlad am dywydd cynhesach:
Mae'r crëyr yn gwybod pryd i fudo,
a'r durtur, y wennol a'r garan.   Jeremeia 8:7 beibl.net

Myfyrdod/Gweddi:
Diolch am y tymhorau, hydref, gaeaf, gwanwyn a haf. Diolch am y coed. Maen nhw'n hardd yn y gwanwyn a'r haf ac maen nhw'n hardd hefyd yn yr hydref a'r gaeaf. Diolch. Amen.

Dal dy law

Cysyniadau:	**Helpu eraill, cyfeillgarwch, gofal, penderfyniad, ufudd-dod.**
Amcan:	**Dangos cydymdeimlad a thosturi tuag at eraill.**
Cyfarpar:	**Dim.**

Cyflwyniad:

● Yr arweinydd i wneud arwyddion â'i law. Codi llaw, ysgwyd llaw efo un o'r plant, pwyntio bys, cau dwrn. Holi'r plant beth ydi ystyr y gwahanol ddefnydd o'r llaw.

● Dweud ei fod am symud ymlaen i'r dyfodol. Y fi ydi'r athro, ac rwy'n holi'r plant am eu gwaith cartref. Dweud wrth y plant yn y ffrynt am godi bys (bys yr uwd sef y bys agosaf at y bawd) ac yna bydd yntau'n cyffwrdd â'r bysedd yn eu tro. Yna dweud wrth y plant bod eu gwaith cartref wedi mynd yn syth i'r cyfrifiadur neu'r ffôn. Yna cyffwrdd â'r oriawr a bydd yr oriawr yn cywiro'r gwaith cartref. Ymhen munud neu ddau cyffwrdd â bysedd y plant yn y ffrynt a dweud eu bod wedi cael y gwaith cartref yn ôl wedi'i gywiro.

● Egluro bod cwmni dychmygol yng Nghaerdydd wedi dyfeisio'r dull hwn – Rhwydwaith Cyffyrddiad Personol neu Rh.C.P. – a bod gwybodaeth yn mynd o un unigolyn i'r llall drwy gyffwrdd yn unig. Efallai y bydd hyn yn digwydd yn y dyfodol!

● Mae cyffwrdd efo'r llaw wedi bod yn ffordd effeithiol o gyfathrebu ar hyd yr oesoedd. Mae cyffyrddiad yn rhoi negeseuon yr ydym i gyd yn hoffi'u clywed: cael ein derbyn, cyfeillgarwch, cydymdeimlad a chariad.

● Mae ysgwyd llaw yn golygu ein bod yn derbyn y person arall fel ffrind. Yn aml iawn mae arweinwyr y gwledydd yn ysgwyd llaw sy'n arwydd eu bod yn dod i gytundeb â'i gilydd.

● Mi allwn ddefnyddio'n dwy law i gofleidio rhywun a phan fo rhywbeth drwg yn digwydd fe allwn roi ein dwylo'n dynn am rywun.

Dyma stori am Iesu'n defnyddio ei ddwylo:

Stori:
Pan oedd Iesu ar daith drwy ardal y deg dinas, y Decapolis, daeth criw o bobl i'w gyfarfod. Fe ddaethon nhw â dyn mud a byddar ato. Doedd y dyn ddim yn medru siarad na chlywed. 'Os gweli di'n dda wnei di helpu'r dyn yma?' meddai un ohonyn nhw. 'Gwna fo'n iach unwaith eto.'

Aeth Iesu â'r dyn o'r neilltu er mwyn cael bod ar ei ben ei hun gydag ef. Rhoddodd ei fysedd yng nghlustiau'r dyn byddar a rhoi peth o'i boer ar dafod y dyn. Gweddïodd dros y dyn gan ofyn am help Duw.

'Agora,' meddai Iesu yn ei iaith ei hun.

Gallai'r dyn glywed! Gallai'r dyn siarad! Yn sydyn, doedd dim taw arno!

Roedd ei ffrindiau a'r dyrfa wedi gwirioni.

Dywedodd Iesu wrth y dyrfa am beidio â sôn gair wrth neb, ond doedd neb yn barod i wrando. Dyna oedd unig sgwrs pawb, yr hanes am Iesu yn gwella'r dyn ac yntau wedyn yn gallu siarad a chlywed.

Beibl Lliw Stori Duw t. 245

A dyma stori arall am Iesu yn helpu merch fach:

Stori:
Tra oedd Iesu'n siarad, roedd rhyw bobl o dŷ Jairus wedi cyrraedd, a dweud wrtho, "Mae dy ferch wedi marw ..."

Ond chymerodd Iesu ddim sylw o beth gafodd ei ddweud, dim ond dweud wrth Jairus, "Paid bod ofn; dalia i gredu."

Dim ond Pedr, Iago a'i frawd Ioan gafodd fynd yn eu blaenau gyda Iesu. Dyma nhw'n cyrraedd cartref Jairus, ac roedd y lle mewn cynnwrf, a phobl yn crio ac yn udo mewn galar. Pan aeth Iesu i mewn dwedodd wrthyn nhw, "Beth ydy'r holl sŵn yma? Pam dych chi'n crio? Dydy'r ferch fach ddim wedi marw – cysgu mae hi!" Dechreuodd pobl chwerthin am ei ben, ond dyma Iesu'n eu hanfon nhw i gyd allan o'r tŷ. Yna aeth â'r tad a'r fam a'r tri disgybl i mewn i'r ystafell lle roedd y ferch fach. Gafaelodd yn ei llaw, a dweud wrthi, "Talitha cŵm" (sef "Cod ar dy draed, ferch fach!") A dyma'r ferch, oedd yn ddeuddeg oed, yn codi ar ei thraed a dechrau cerdded o gwmpas.

Marc 5:35–42 beibl.net

Trafodaeth:

Iesu'n defnyddio bysedd ei law yn y stori gyntaf a'i law i afael yn llaw y ferch yn yr ail stori.

Trafod oblygiadau'r cyffyrddiadau.

Emyn: Dod ar fy mhen dy sanctaidd law: Canu Clod 127

Munud i feddwl:

Mae gan bob un ohonom ddwy law. Un i helpu'n hunain a'r llall i helpu eraill.

Myfyrdod/Gweddi:

O Dduw, helpa fi i ddefnyddio fy nwylo i wneud y gorau i bobl eraill. Diolch. Amen.

Dowch i'r parti

Cysyniadau:	**Cydfwynhau, cyfeillgarwch, gosod esiampl, ufudd-dod.**
Amcan:	**Dangos i'r plant fod yna le i bawb yn y parti.**
Cyfarpar:	**Miwsig llawen i gyfleu llawenydd. Bag yn cynnwys platiau, mygiau a hetiau parti, lliain lliwgar a chreision.**

Cyflwyniad:

● Ar ôl tawelu'r gerddoriaeth am gyfnod byr ei ailchwarae a gofyn i'r plant am beth mae'r gerddoriaeth yn eu hatgoffa. Gobeithio bydd un o'r plant yn cyfeirio at barti!

● Yna agor y bag sydd ar y bwrdd a rhoi'r platiau, y mygiau plastig a'r hetiau ar y lliain lliwgar ar y bwrdd. Rhoi ychydig o greision ar y platiau.

Holi'r plant:

● Faint ohonyn nhw sydd wedi bod mewn parti'n ddiweddar?

● Pa fath o barti?

● Oedd yna lawer o blant yno?

● Oedden nhw'n gwisgo gwisg ffansi?

● Beth gawson nhw i'w fwyta?

● Pa gemau fuon nhw'n chwarae?

Trafodaeth bellach:

Rydym i gyd yn hoffi cael gwahoddiad i barti i gael hwyl, i fwyta bwydydd dipyn gwahanol i'r arfer a chwarae gemau. Rydym i gyd yn hoffi bod yn rhan o'r hwyl a'r sbri.

Stori:

Un diwrnod roedd Iesu ar ei ffordd drwy dref o'r enw Jericho. Dyma'r hanes fel y mae yn y Beibl:

Aeth Iesu yn ei flaen i mewn i Jericho, ac roedd yn mynd drwy'r dref. Roedd dyn o'r enw Sacheus yn byw yno – Iddew oedd yn arolygwr yn adran casglu trethi Rhufain. Roedd yn ddyn hynod o gyfoethog. Roedd arno eisiau gweld Iesu, ond roedd yn ddyn byr ac yn methu ei weld am fod gormod o dyrfa o'i gwmpas. Rhedodd ymlaen a dringo coeden sycamorwydden oedd i lawr y ffordd lle roedd Iesu'n mynd, er mwyn gallu gweld.

Pan ddaeth Iesu at y goeden, edrychodd i fyny a dweud wrtho, "Sacheus, tyrd i lawr. Mae'n rhaid i mi ddod i dy dŷ di heddiw." Dringodd Sacheus i lawr ar unwaith a rhoi croeso brwd i Iesu i'w dŷ.

Doedd y bobl welodd hyn ddim yn hapus o gwbl! Roedden nhw'n cwyno a mwmblan, "Mae wedi mynd i aros i dŷ 'pechadur' – dyn ofnadwy!"

Ond dyma Sacheus yn dweud wrth Iesu, "Arglwydd, dw i'n mynd i roi hanner popeth sydd gen i i'r rhai sy'n dlawd. Ac os ydw i wedi twyllo pobl a chymryd mwy o drethi nag y dylwn i, tala i bedair gwaith cymaint yn ôl iddyn nhw."

Luc 19:1–8 beibl.net

Trafodaeth:

● Egluro bod casglwyr trethi yn bobl amhoblogaidd yng nghyfnod Iesu. Roedden nhw'n bobl gyfoethog iawn ac yn aml roeddent yn cymryd mwy o arian nag y dylen nhw. Mae'r ffaith fod Sacheus yn byw yn Jericho yn dangos ei fod yn ddyn cyfoethog. Pobl gyfoethog oedd yn byw yn y dref honno.

- Lle roedd Sacheus pan welodd Iesu ef?

- I ble'r aethon nhw i gael y parti?

- Beth oedd pobl eraill yn feddwl o hyn?

- Pa effaith gafodd ymweliad Iesu â Sacheus?

Emyn: Cân Sacheus: Canu Clod 56

Munud i feddwl:
Mae parti yn bleser pur.
Mae cael bod efo ffrindiau yn un parti mawr.

Myfyrdod/Gweddi:
Diolch, Iesu, dy fod di'n hoffi cael gwahoddiad i barti. Rydym ninnau hefyd. Helpa ni i fwynhau ein hunain ac i gynnwys pawb, yn enwedig y rhai fyddai'n teimlo eu bod wedi cael eu hanwybyddu a'u gadael allan. Diolch. Amen.

Dŵr

Cysyniadau: Dyfalbarhad, gofal, meddwl am eraill, rhannu.

Amcan: Dangos pa mor bwysig ydi dŵr yn ein bywydau.

Cyfarpar: Sŵn dŵr, gwydraid o ddŵr.

Cyflwyniad:

● Os gwn i beth oedd y sŵn yna? Rhoi cyfle i'r plant ateb.

● Ydych chi rywdro wedi gwneud trefniadau efo'ch ffrindiau i fynd am dro, i fynd allan i chwarae neu i fynd i lan y môr ac mae hi wedi dechrau bwrw glaw? Oeddech chi'n teimlo'n flin?

● Nid chi'r plant yn unig sy'n cwyno am y glaw ond mae oedolion hefyd. Mae Dad eisiau mynd i'r ardd ond mae hi'n bwrw a Mam eisiau glanhau'r car ac mae hi'n pistyllio.

● Ydych chi'n meddwl y byddai hi'n well petai hi ddim yn bwrw o gwbl? Dim ond haul a thywydd braf drwy'r amser?

● Cyfle i'r plant ymateb. Sut byddai arnom ni wedyn?

● Dim dŵr i'w yfed na dŵr i ymolchi, na chael cawod a glanhau'n dannedd. Byddai'r coed, y blodau a'r glaswellt yn marw. Dim cnydau. Dim afonydd a llynnoedd, dim môr. Mi fyddai'r byd i gyd yn anialwch heb ddim bywyd o gwbl. Fyddai dim bywyd ar y ddaear.

Trafodaeth bellach:

Y blaned las ydi'r Ddaear. Mae 70% o'r blaned wedi'i gorchuddio â dŵr. Rydyn ni angen yfed dŵr bob dydd. Mae'n rhaid cofio mai dŵr ydi te efo bag te ynddo a choffi efo llwyaid o ronynnau coffi ynddo.

Wyddoch chi ein bod ni'n defnyddio oddeutu 20-30 litr o ddŵr i olchi llestri, oddeutu 80 litr i gael bath ac o gwmpas 35-40 litr i gael cawod? Toiled – 7 litr. Golchi car (dibynnu ar ei faint) – oddeutu 100 litr.

● Sut y medrwn ni arbed dŵr?

Cofio ein bod yn cau'r tap yn dynn. Peidio gadael iddo ddripian.

Cawod yn lle bath a pheidio aros dan y gawod yn rhy hir.

Cau'r tap wrth lanhau ein dannedd.

Cael casgen ddŵr yn yr ardd i gadw'r dŵr sy'n disgyn oddi ar y to.

Cael mesurydd dŵr yn y tŷ i gadw golwg ar faint o ddŵr a ddefnyddir.

● Ydych chi wedi meddwl o ble mae'r dŵr yn dod i'r ysgol? O ba lyn neu argae?

Stori:

Deg oed ydi Hindiya ac mae hi bob amser yn gwenu ar bawb. Mae hi ar daith efo'i thad a'i brawd a'i chwaer a rhai o'i theulu estynedig. Ac wrth gwrs mae gyr o eifr yn eu dilyn. Mae'r sychder mawr wedi golygu bod yn rhaid i'r teulu wahanu. Mae mam Hindiya a gweddill y teulu wedi ffoi i Somalia i chwilio am ddŵr a bwyd i'r teulu a'r anifeiliaid. Mae Hindiya a'i thad wedi mynd i gyfeiriad arall i chwilio am ddŵr a bwyd. Yn y rhan yma o Affrica dydi hi ddim wedi bwrw glaw ers tair blynedd. Weithiau maen nhw'n cerdded am bymtheg diwrnod heb stopio o gwbl, dim ond am ychydig oriau i gysgu. Mae hi'n daith hir i chwilio am ddŵr. O dro i dro bydd y rhai maen nhw'n cyfarfod ar y ffordd yn dweud bod dŵr ffynnon i'w gael ychydig o gilometrau i ffwrdd. Ond ar ôl iddyn nhw gyrraedd mae'r ffynnon wedi sychu – dim diferyn o ddŵr yn unman.

Mae Hindiya druan yn denau ac yn sychedig. Am ba hyd y gall hi fynd ar y daith?

Trafodaeth bellach:

● Ydi'r digwyddiad hwn yn ein gwneud ni'n anghyffyrddus? Pam?

● Oes yna rywbeth fedrwn ni ei wneud i helpu pobl a phlant tebyg i Hindiya?

● Mae sawl gwefan yn gofyn am gymorth. Rwy'n siŵr y gallwch gysylltu â Chymorth Cristnogol neu wefan ddyngarol arall i gael gwybodaeth bellach.

Emyn: O diolch Dduw i Ti: Clap a Chân i Dduw 2

Munud i feddwl:

Dim dŵr, dim bywyd.

Dyfyniad o'r Beibl:

Dywedodd Iesu Grist:

"Oherwydd pwy bynnag a rydd gwpanaid o ddŵr i chwi i'w yfed o achos eich bod yn perthyn i'r Meseia, yn wir, rwy'n dweud wrthych, ni chyll ei wobr." Marc 9:41 BCND

Myfyrdod/Gweddi:

Diolch i ti, O Dduw, am anfon glaw ar y ddaear. Cofiwn heddiw am y rhai fel Hindiya sydd heb ddŵr. Helpa ni i'w helpu nhw. Diolch. Amen.

Dyn Dewr

Cysyniadau:	**Dewrder, amynedd, dyfalbarhad, meddwl am eraill, gorchest, hunan aberth.**
Amcan:	**Dangos gwrhydri a dewrder a hynny er mwyn eraill.**
Cyfarpar:	**Llun o fad achub, bathodyn RNLI.**

Cyflwyniad:

● Dangos bathodyn y Badau Achub – RNLI, Royal National Lifeboat Institution yn Saesneg neu yn Gymraeg Sefydliad Cenedlaethol Brenhinol y Badau Achub.

● Mae 25 o orsafoedd Badau Achub yng Nghymru a 237 ym Mhrydain. Pa un ydi'r agosaf at eich ysgol chi?

● Oes 'na rywun wedi bod ar fwrdd bad achub? Neu oes 'na rywun wedi cael ei achub gan griw bad achub?

● Dyma stori am lywiwr bad achub Moelfre, Ynys Môn. Mae Richard Evans, neu Dic i'w ffrindiau, wedi marw er 2001. Yn ystod ei gyfnod fel llywiwr fe gafodd ddwy fedal aur am ei ddewrder. Dyma'r hanes sut y cafodd ei fedal aur gyntaf yn 1959.

Galwodd Nansi ar ei gŵr, 'Dic, mae'r ffôn yn canu.'

Cododd yntau'n syth o'r gadair ac ateb yr alwad. Roedd llong oedd ar ei ffordd o Fanceinion i Gasnewydd wedi'i dal mewn storm enbyd ar y creigiau gerllaw pentref bach Moelfre ar ochr ddwyreiniol Ynys Môn.

Doedd dim i'w wneud ond ffarwelio â Nansi ei wraig a ffwrdd â fo nerth ei draed, taith chwarter awr i lawr i'r cwt bad achub.

Ond y diwrnod hwnnw gan fod y gwynt mor gryf, yn chwythu o'r de-ddwyrain, mi gymerodd Dic bron i bum munud ar hugain i gyrraedd y cwt. Roedd Ifan y mecanic, Murley Francis yr ail lywiwr, Huw Owen, un o'r criw, a Huw Jones yno'n barod. Ond doedd Huw Jones ddim yn perthyn i'r criw. Yno roedd yn ymochel rhag y tywydd. Ond mynnodd Dic ei fod yn rhoi lifrai un o'r criw amdano a dod yn un o'r tîm y munud hwnnw.

Lluchiai'r tonnau i fyny ochrau'r cwt. Chwyrnellai'r gwynt a rhuai'r môr. Nid diwrnod i fod allan ar y môr, bid siŵr. Ond roedd yn rhaid mynd allan i ryferthwy'r storm. Ar ddiwrnod tawel byddai'r bad achub wedi cyrraedd y creigiau mewn llai na deng munud. Ond y diwrnod hwnnw roedd grym y môr yn eu hatal.

Ar ôl ymlafnio am gryn amser fe welodd un o'r criw sgerbwd yr Hindlea (dyna enw'r llong) ar y creigiau.

'Dacw hi,' meddai Huw Owen. Yr unig un glywodd y geiriau oedd Dic a llywiodd y bad achub tuag ati. Dyma'r adeg roedd Dic yn gweddïo, 'O Arglwydd arwain fi.' Yr un oedd ei weddi bob tro.

Gwyddai Dic a'i griw fod wyth ar fwrdd yr Hindlea ac roedd o'n benderfynol ei fod yn mynd i achub y cwbl. Roedd grym y tonnau yn hyrddio'r bad achub i fyny i'r awyr ac ar un adeg roedd ar yr un lefel â dec yr Hindlea. Deg o weithiau y llwyddodd y bad achub i fynd yn gyfochrog â'r Hindlea a dim ond tair gwaith y daeth yn ôl yn waglaw. Roedd saith wedi'u hachub. Ond roedd un ar ôl. Gwyddai Dic na allai adael yr unigolyn i gael ei sgubo drosodd i'r môr. Un cynnig eto. Llwyddodd Ifan Owen, y mecanic, i hyrddio peiriant y bad achub i'r eithaf posibl. Cododd y bad achub o'r dyfroedd gwyllt a phan laniodd yn ôl hyrddiwyd Dic ar wastad ei gefn ond llwyddodd i godi ar ei draed a chael gafael yn y llyw. Doedd o ddim wedi anafu ei hun ond fe'i syfrdanwyd pan welodd fod y bad achub wedi glanio ar ddec yr Hindlea. Ai dyma'r diwedd? Llifodd lluniau dychmygol o'i wraig a'i dri bachgen drosto. Ai'r bore hwnnw oedd y tro olaf iddo'u gweld? Ond doedd o ddim eisiau marw a'u gadael. Yn wyrthiol, hyrddiodd ton arall y bad achub yn ôl ar donnau'r môr a bu'r ddau Huw yn ddigon ffodus i stryglo i gael yr olaf o griw yr Hindlea ar fwrdd y bad achub. Cyflawnwyd y dasg! Roedd criw yr Hindlea yn ddiogel ar fwrdd y bad achub.

Trafodaeth bellach:

● Sut ddyn oedd Richard (Dic) Evans y llywiwr?

● Ai gwaith un dyn oedd hyn ynteu tîm o bobl?

● Sut oedd criw yr Hindlea yn teimlo (a) pan aeth y llong ar y creigiau (b) pan ddaeth y bad achub heibio?

Emyn: Mi benderfynais i ddilyn Iesu: Canu Clod 277

Dyfyniad o'r Beibl:

Mae Llyfr y Salmau yn cyfeirio at storm debyg:
I fyny i'r awyr, ac i lawr i'r dyfnder â nhw!
Roedd ganddyn nhw ofn am eu bywydau.
Roedd y cwch yn siglo a gwegian fel rhywun wedi meddwi.

Salm 107:26-27 beibl.net

Munud i feddwl:

Wnaiff yr hwn sydd ofn mentro byth gyflawni dim yn ystod ei fywyd.

Muhammed Ali

Myfyrdod/Gweddi:

Diolch, O Dduw, am bobl ddewr sy'n barod i fentro er mwyn eraill. Diolch. Amen.

Guto ar goll

Cysyniadau:	**Gofal, cyfeillgarwch.**
Amcan:	**Pwysigrwydd parchu a gofalu am anifeiliaid.**
Cyfarpar:	**Anifail anwes (tegan neu greadur byw).**

Cyflwyniad:

Mi ydw i wedi dod ag anifail anwes (neu degan) efo mi heddiw. Cyfle i drafod yr anifail. Gan faint ohonoch chi y mae anifail anwes? Bydd y plant wrth eu bodd yn cyfeirio at eu hanifeiliaid.

Stori:

Dyma stori heddiw am Guto'r ci. Os gwn i beth ddigwyddodd iddo?

Bob bore am saith byddai Guto'n cyfarth wrth y drws yn barod i fynd am dro gyda'i feistr. A bob nos am wyth o'r gloch byddai Guto'n cyfarth. Doedd dim angen cloc yn y tŷ. Yn y gaeaf, pan fyddai'n oer a thywyll byddai Cen, perchennog Guto, yn ei chael hi'n anodd i fynd allan o'r tŷ ond pan ddeuai'r gwanwyn a'r haf byddai Cen wrth ei fodd yn crwydro'r llechweddau yng nghwmni Guto, y teriar du a gwyn.

Un gyda'r nos a hithau'n dywyll, dim lleuad na sêr i'w gweld yn unman, penderfynodd Cen fynd am dro yn ôl ei arfer. Ar ôl gadael y stryd fawr byddai Cen yn gollwng Guto yn rhydd oddi ar y tennyn a byddai'n rhedeg a rasio o gwmpas y coed. Byddai'n siŵr o ddod yn ôl pan fyddai Cen yn galw, 'Guto, tyrd yma rŵan!' Ond y noson honno ddaeth o ddim yn ôl. Dim siw na miw ohono'n unman. Yn y pellter gwelodd Cen rywbeth gwyn yn symud. Rhedodd nerth ei draed a dyna lle roedd Guto yn tyrchu â'i draed blaen. Mae'n rhaid bod cwningen neu ryw greadur arall yn y twll. Ymhen ychydig funudau roedd Guto wedi tyrchu agoriad oedd yn ddigon mawr iddo fynd i mewn i berfeddion y twll.

Arhosodd Cen i weld beth fyddai'n digwydd. Er iddo weiddi a gweiddi nerth esgyrn ei ben doedd dim golwg o Guto. Aeth adref nerth ei draed a daeth yn ôl efo'i dad a'i frawd mawr a phob un efo rhaw a chaib. Dyna lle roedden nhw'n tyrchu yng ngolau lanterni. Ond doedd dim golwg o Guto.

'Mi fydd rhaid i ni gael help yn y bore,' meddai tad Cen. Yn anfoddog iawn y cerddodd y tri o'r llecyn y noson honno.

Am naw o'r gloch y bore roedd Cen a'i dad a'i frawd yno'n ceibio. Roedden nhw wedi galw am help gan yr RSPCA. Mewn dim o dro roedd tri swyddog wedi cyrraedd. Roedd ganddyn nhw offer pwrpasol i weld i berfeddion y twll ac yno'n swatio yn y pellter roedd Guto. A dyna lle roedd o'n ysgwyd ei gynffon

Dyma ailddechrau tyrchu o gwmpas medr a mwy o geg y twll. Er i Cen weiddi arno doedd Guto ddim yn gallu symud.

'Mae'n rhaid i ni ddal i dyrchu,' meddai un o'r swyddogion. Am bron i awr gyfan bu'r tri yn ymlafnio'n galed. O'r diwedd, a hithau'n nesu at amser cinio, dyma gael gafael ar Guto a'i godi'n ara deg o grombil y twll. Roedd o wedi mynd yn sownd ac yn methu troi ei gorff i ddod allan. Pan ddaeth allan roedd ei got yn frown ac roedd o'n crynu.

Pan ofynnodd Cen iddo, 'Be oeddet ti'n wneud lawr yn fan 'na?' dechreuodd Guto ysgwyd ei gynffon o ddifri.

Trafodaeth bellach:

● Fyddech chi'n dweud bod Cen a Guto yn ffrindiau? Sut gwyddoch chi?

● Tybed oedd Cen yn gwneud peth ffôl yn mynd am dro wedi iddi dywyllu?

● Beth oedd cyfraniad yr RSPCA, Y Gymdeithas Frenhinol er atal Creulondeb i Anifeiliaid?

● Disgrifiwch sut oedd Cen yn teimlo pan ddaeth Guto allan o'r twll.

A beth am Guto. Sut oedd o'n teimlo?

Munud i feddwl:

Byddwch yn ffrind da i'ch anifail anwes ac fe fydd yntau'n ffrind da i chi.

Emyn: Llyffaint sy'n dod: Canu Clod 254

Dyfyniad o'r Beibl:

Mae pobl dda yn gofalu am eu hanifeiliaid.

Diarhebion 12:10 beibl.net

Myfyrdod/Gweddi:

Helpa fi, O Dduw, i barchu a gofalu am bob math o anifeiliaid, hyd yn oed y rhai nad wyf yn eu hoffi. Amen.

Gwaith tîm

Cysyniadau:	**Cydweithio, dyfalbarhad, gwaith tîm, penderfyniad, gwrando ar gyfarwyddiadau.**
Amcan	**Datblygu'r cysyniad o gydweithio a dangos fel y gellir ei gymhwyso i'n bywyd bob dydd.**
Cyfarpar:	**Pêl droed neu bêl rygbi neu bêl rwyd, bathodyn tîm pêl-droed Cymru.**

Cyflwyniad:

Cyfeirio at y bêl sydd ar y bwrdd a'r bathodyn pêl-droed gyda'r geiriau 'Gorau chwarae, cyd chwarae.' Dyna'n union a wnaeth tîm Cymru yng ngemau Euros yn Ffrainc yn 2016. Chwarae fel tîm.

Stori:

Tîm dan dair ar ddeg oed ydi tîm Nantporth. Yn y gynghrair mae ugain o dimau i gyd. Ar y brig, ers dwy flynedd bellach, mae tîm Coedadda ond ar y gwaelod, yn dal y timau eraill i gyd i fyny, mae tîm Nantporth. Y llynedd dim ond dwy gôl oedden nhw wedi'u sgorio drwy'r tymor ac roedd cant a deuddeg o goliau yn eu herbyn. A mwy na hynny roedden nhw wedi colli pob gêm. Pob un. Dim pwynt o gwbl ar ddiwedd y tymor. Beth oedd y rheswm am hyn tybed?

Roedd pob un o'r bechgyn yn rhoi o'u gorau ond yn methu'n lân â sgorio goliau. Cen oedd y chwaraewr gorau o ddigon. Roedd o ben ac ysgwydd yn well na'r un arall ond roedd o'n chwaraewr hunanol iawn. Fyddai o byth yn pasio i chwaraewr arall. Dyna lle byddai'n driblo heibio un, dau, tri o chwaraewyr ac yna'n colli'r bêl. Byth yn ei phasio i un arall o'r tîm. Roedd o eisiau sgorio bob tro.

Penderfynodd rheolwr y tîm roi pryd o dafod i Cen. 'Mae'n rhaid i ti ddysgu pasio'r bêl Cen bach,' meddai wrtho. 'Mae 'na ambell chwaraewr mewn safle da i sgorio petait ti ond yn pasio iddo fo.'

Doedd Cen ddim yn hapus efo geiriau'r rheolwr. Pwdodd yn y fan a'r lle a dweud ei fod am ymuno â thîm arall yn y gynghrair. Ond perswadiodd y bechgyn ef i aros yn y tîm.

'Mae'n rhaid i ni wneud rhywbeth i helpu Cen.' meddai'r rheolwr, 'mae o'n chwaraewr mor dda efallai y bydd o cystal â Bale rhyw ddydd dim ond iddo ddysgu pasio a sylweddoli mai gwaith tîm ydi gêm bêl-droed neu hyd yn oed rygbi neu bêl-rwyd.'

Un nos Fercher, noson yr ymarfer, galwodd y rheolwr y tîm ynghyd a dechreuodd eu rhannu'n ddau a chan weithio yn barau rhoddodd fwgwd am lygaid un ac roedd y llall i'w arwain o gwmpas y rhwystrau roedd wedi eu rhoi ar y cae. Roedd yr un oedd heb fwgwd i arwain y llall heb daro'r rhwystrau. Felly roedd gwrando ar gyfarwyddiadau a chyfathrebu yn bwysig iawn. Ond pan oedd Cen yn gwisgo'r mwgwd roedd o'n taro'n erbyn y rhwystrau dro ar ôl tro. Doedd o ddim yn barod i wrando ac roedd ef wedyn yn un gwael am roi cyfarwyddiadau i'w bartner oedd efo'r mwgwd.

Gwelodd Cen drosto'i hun pa mor amharod oedd o i wrando. Yn sicr, roedd wedi dysgu gwers. Ymhen yr wythnos yr oedd gêm olaf y tymor. Gêm galed unwaith eto! Roedd tîm Glanhwfa wedi rhoi cweir i dîm Nantporth o naw gôl i ddim ddechrau'r tymor. Ond y tro hwn roedd Nantporth yn chwarae adref. Cyn mynd ar y cae y pnawn hwnnw meddai'r rheolwr, 'Cofiwch chi rŵan fechgyn, chwarae efo'ch gilydd fel tîm. Gwaeddwch ar eich gilydd a gwrandwch ar eich gilydd.'

Er mawr syndod i'r rhieni oedd wedi dod i gefnogi, dim ond un dim oedd hi ar hanner amser. Fel arfer mi fyddai oddeutu saith dim. Roedd y rheolwr wedi'i blesio efo'r tîm gan eu bod wedi dechrau pasio i'w gilydd a chydchwarae. Bu bron iawn i Robat sgorio gôl pan dderbyniodd y bêl o draed Cen. Ond taro'r post wnaeth o.

Yn yr ail hanner roedd y tîm cartref yn chwarae'n galed ac yn pasio'n dda. Edrychodd y dyfarnwr ar ei oriawr – tri munud i fynd a hithau'n dal yn un gôl i ddim i dîm Glanhwfa. Y munud hwnnw roedd Cen yn rhedeg nerth ei draed i lawr yr asgell. Aeth heibio dau

chwaraewr o dîm Glanhwfa a phasiodd y bêl yn daclus i draed Elis
ac ergydiodd yntau'r bêl tu hwnt i afael y gôl-geidwad a dyna lle
roedd y bêl yn gwingo yng nghefn y rhwyd. Un gôl yr un. Ymhen dau
funud roedd y gêm ar ben. Er nad oedd Nantporth wedi ennill y gêm
roedden nhw wedi dysgu mai trwy chwarae fel tîm mae llwyddo.
Cofiodd Cen arwyddair tîm pêl-droed Cymru, 'Gorau chwarae, cyd
chwarae.' Gobaith am ddyddiau gwell y tymor nesaf!

Trafodaeth bellach:

● Beth fyddech chi'n ddweud oedd gwendid Cen fel chwaraewr pêl-droed?

● Tybed oedd syniad y rheolwr yn un da?

● Pa mor anodd ydi dysgu chwarae fel tîm? Ydi pawb eisiau sgorio gôl?

Dyfyniad o'r Beibl:

Dŷn ni'n gweithio fel tîm i Dduw, a chi ydy'r maes mae Duw wedi'i roi i ni weithio ynddo. 1 Corinthiaid 3:9 beibl.net

Emyn: Yn fy nghalon rhoddodd Iesu: Canu Clod 426

Munud i feddwl:

Mae dod at ein gilydd yn fan cychwyn; mae cadw efo'n gilydd yn gam ymlaen ac mae gweithio efo'n gilydd yn llwyddiant. Henry Ford

Myfyrdod/Gweddi:

O Dduw, efo'n gilydd mi allwn ni wneud cymaint mwy. Amen.

Gwneud camgymeriad

Cysyniadau:	**Maddau, ymddiried, dweud y gwir.**
Amcan:	**Dangos pa mor bwysig ydi bod yn onest.**
Cyfarpar:	**Gêm nadroedd ac ysgolion (snakes and ladders).**

Cyflwyniad:

● Faint ohonoch chi sydd wedi chwarae'r gêm, nadroedd ac ysgolion? Beth sy'n digwydd pan fo'r disg yn cyffwrdd pen y neidr? Beth sy'n digwydd pan fo'r disg yn cyrraedd gwaelod un o'r ysgolion?

● Bydd rhaid mynd i lawr y neidr i flaen ei chynffon a bydd cyfle i fynd i fyny'r ysgol i'r brig. Y gamp ydi cyrraedd y diwedd heb gyffwrdd â phennau'r nadroedd. Efallai y bydd cyfle i chi wneud neu chwarae gêm nadroedd ac ysgolion rywdro. Fe allech wneud faint fynnoch chi o nadroedd. Ond beth am yr ysgolion? Un neu ddwy? I wneud y gêm yn fwy diddorol.

● Yr hyn sy'n bwysig wrth chwarae'r gêm ydi peidio digalonni pan fyddwch wedi cyrraedd pen un o'r nadroedd. Byddwch yn gorfod mynd i lawr i flaen y gynffon ond mae'n rhaid dal ati ac ailgychwyn.

● Faint ohonoch chi sydd wedi gwneud camgymeriad? Beth ddigwyddodd? Fyddwch chi'n gwneud camgymeriadau yn eich gwaith yn y dosbarth? Symiau neu sillafu? Neu ar y maes chwarae?

● Beth ydi'r peth gorau i'w wneud pan fyddwch wedi gwneud camgymeriad? Rhannu efo rhywun. Bod yn onest. Dweud bod yn ddrwg gynnoch chi. Dal ati. Gwrando'n fwy astud. Gofyn am gymorth.

Stori:

Mae'r stori heddiw yn dod o'r Beibl. Un o ddisgyblion Iesu oedd Simon Pedr. Pedr oedd yr un oedd yn siarad ar ran y disgyblion eraill. Y fo oedd yn barod i ddweud ei ddweud.

Pan oedd Iesu'n wynebu amser anodd iawn, ychydig ddyddiau cyn iddo gael ei groeshoelio, roedd Pedr wedi gwadu ei fod yn ffrind i Iesu. Pan oedd Pedr yn cynhesu ei ddwylo dyma 'na eneth yn sylwi ar Pedr ac meddai, 'Mi wyt tithau yn ffrind i Iesu.'

'Am beth wyt ti'n siarad?' meddai Pedr. 'Dydw i ddim yn adnabod y dyn.'

Yn dilyn hyn, ar ôl i Iesu farw ar y groes a chodi o'r bedd, roedd y disgyblion wedi mynd yn ôl i Galilea. Ac un bore pan oedd Pedr a chriw o'r disgyblion yn pysgota ar lyn Galilea, dyma rywun yn galw. Roedd y dyn yn sefyll ar y lan.

Meddai'r dyn, 'Ffrindiau, ydych chi wedi dal rhywbeth?'

'Na' meddai'r disgyblion efo'i gilydd.

'Wel,' meddai'r dyn, 'beth am i chi fwrw'r rhwyd i ran arall o'r llyn?'

A dyma'r disgyblion yn mynd ati i fwrw'r rhwyd. Ac yn wir i chi dyma nhw'n dal llond y rhwyd o bysgod mawr. Cant pum deg a thri ohonyn nhw. A'r munud hwnnw dyma Pedr yn adnabod y dyn oedd yn sefyll ar y lan. Iesu oedd o.

Ar ôl iddyn nhw gael brecwast, pysgod a bara, dyma Iesu'n mynd â Pedr o'r neilltu. Gofynnodd iddo, 'Pedr, wyt ti'n fy ngharu?'

'Wrth gwrs,' meddai Pedr, 'rwyt ti'n gwybod fy mod i'n dy garu di.'

Roedd Pedr a Iesu yn ffrindiau unwaith eto.

Emyn: Cariad Crist sydd yn llifo atom: Canu Clod 66

Dyfyniad o'r Beibl:

Pan oedden nhw wedi gorffen bwyta, dyma Iesu'n troi at Simon Pedr a dweud, "Simon fab Ioan, wyt ti wir yn fy ngharu i fwy na'r rhain?"

Ioan 21:15 beibl.net

Munud i feddwl:

Pan fo rhywun wedi gwneud camgymeriad cofiwch am y troeon maen nhw wedi gwneud pethau da.

Myfyrdod/Gweddi:

Rydyn ni i gyd yn gwneud camgymeriadau. Pob un ohonom. Rhai camgymeriadau mawr a rhai camgymeriadau bach. Pan fyddwn yn gwneud camgymeriadau, boed fawr neu fach, cofiwn bob amser ddweud sori.

Gwrandewch

Cysyniadau:	**Gwrando, meddwl am eraill, rhannu.**
Amcan:	**Pwysleisio pa mor bwysig ydi dysgu gwrando.**
Cyfarpar:	**Cloch, darn o bapur, offeryn cerdd, dŵr, jwg, cwpan.**

Cyflwyniad:

● Heddiw yn y gwasanaeth rydym am chwarae gêm. Rydw i eisiau i bawb gau eu llygaid yn dynn a byddaf yn gwneud gwahanol synau. Mi ydw i eisiau i chi ddyfalu pa synau fydda i'n eu gwneud. Felly pawb i gau ei lygaid yn dynn.

● Dowch i ni wrando ar y gwahanol synau: cloch yn canu, curo dwylo, tywallt dŵr i gwpan, chwarae offeryn cerdd, sŵn papur yn cael ei wasgu.

● Agorwch eich llygaid a dywedwch beth glywsoch chi. Cofiwch guddio'r cyfarpar rhag rhoi cliwiau i'r plant! Tybed ydi'r plant wedi cyfeirio at lais yr arweinydd yn siarad?

● Dowch i ni chwarae'r gêm unwaith yn rhagor ond y tro hwn fydda i ddim yn gwneud synau fy hunan. Gwrandewch ar y synau sydd o'n cwmpas. Cloc yn tician, sŵn siarad yn dod o'r gegin, sŵn car yn mynd heibio ar y stryd, ci yn cyfarth, cadair yn gwichian, plentyn yn pesychu.

● Trafod efo'r plant beth glywson nhw. Y tro hwn roedd yn rhaid gwrando'n astud.

● Fyddwch chi'n gwrando'n astud ar gyfarwyddiadau yr athrawon a'r rhieni? Dyma stori am eneth o'r enw Gwawr.

Stori:

Roedd Gwawr wrth ei bodd yn chwarae efo lego ei brawd mawr. Pan fyddai Huw yn chwarae rygbi ar fore Sadwrn dyna lle byddai Gwawr ar ei phen-gliniau wrth y bwrdd yn y lolfa yn chwarae efo'r darnau bach i wneud hofrennydd neu lori neu long neu hyd yn oed anghenfil.

'Gwawr!' gwaeddodd ei mam o'r gegin. 'Wnei di ddweud wrth Dad bod ei goffi yn barod yn y gegin?'

'Iawn,' atebodd Gwawr. Ond dal i chwarae efo'r lego roedd hi. Ymhen dim galwodd ei mam unwaith eto. 'Gwawr, wyt ti wedi dweud wrth Dad am ddod i nôl ei goffi?'

'Mi a i rŵan,' atebodd Gwawr. Ond dal i chwarae efo'r lego roedd Gwawr. Daeth ei mam i mewn i'r lolfa ar gefn ei cheffyl.
'Gwawr! Rŵan.'

Cododd Gwawr y munud hwnnw a mynd nerth ei thraed i'r ardd i alw ar ei thad. Pan ddaeth hi'n ôl mi gafodd bryd o dafod gan ei mam.

Ychydig ddyddiau'n ddiweddarach gofynnodd ei mam iddi fynd i dŷ ei nain i ddweud y byddai ei mam yn galw am ei nain am bedwar o'r gloch i fynd â hi i weld y meddyg.

Cyn pen dim roedd Gwawr wedi cyrraedd tŷ ei nain.

'Mae Mam yn dweud y bydd hi yma am chwech o'r gloch i fynd â chi i weld y meddyg,' meddai Gwawr.

'Iawn,' meddai Nain. 'Mi fydd hynny'n rhoi amser i mi fynd i siopa.' Ac felly y bu. Aeth Nain i siopa. A dyna lle roedd Gwawr a'i mam yn disgwyl yn y car am bedwar o'r gloch. Ond doedd dim golwg o Nain yn unman. Roedd hi i fod yn y feddygfa am bedwar o'r gloch. Cofiodd Gwawr yn sydyn!

'Mam, sori, ond mi ddywedais i wrth Nain am fod yn barod erbyn chwech o'r gloch.'

Trafodaeth bellach:

● Ydych chi'n debyg i Gwawr? Ddim yn gwrando'n astud?

● Pa mor bwysig ydi gwrando'n astud?

Dyfyniad o'r Beibl:

Dyma ddywedodd Iesu wrth ei ffrindiau gorau:
"Gwrandwch yn ofalus os dych chi'n awyddus i ddysgu!"

Marc 4:9 beibl.net

Emyn: Duw lefarodd wrth ei bobl: Canu Clod 140

Munud i feddwl:

Mi ydw i'n hoffi gwrando. Dyna sut rydw i'n dysgu.

Myfyrdod/Gweddi:

O Dduw, diolch am lygaid i weld a chlustiau i glywed. Cofiwn am y rhai sy'n methu gweld ac yn methu clywed. Wnei di'n dysgu ni i wrando'n astud ar yr hyn mae'r athrawon a'n rhieni yn ei ddweud wrthym ni? Amen.

Gŵyl o Ddiolchgarwch am y Cynhaeaf

Cysyniadau: **Diolch, rhannu, gwerthfawrogiad, cyd-ddibyniaeth, cydweithio.**

Amcan: **Dysgu'r plant i werthfawrogi a diolch am fwyd a diod.**

Cyfarpar: **Enghreifftiau o wahanol fwydydd, ffrwythau, llysiau a blodau.**

Cyflwyniad:

● Mae'r neuadd wedi'i haddurno heddiw. Pam, tybed? Cyfle i'r plant gyfeirio at y gwahanol fwydydd, dail. Cyfeirio at y lliwiau.

● Mae Gŵyl o Ddiolchgarwch yn gyfle i ddatblygu'r cysyniad o gyd-ddibyniaeth a chydweithio.

Stori:

Un tro roedd yna lygoden fach, frown yn byw ar ei phen ei hun mewn hen, hen eglwys ynghanol y wlad. Yn aml iawn roedd y llygoden fach yn llwglyd. Doedd dim byd i'w fwyta yn yr eglwys. Felly byddai'n gorfod mynd allan i'r caeau a'r llwyni o gwmpas i chwilio am fwyd. Ond taith beryglus iawn oedd hon gan fod tylluanod ac adar eraill ysglyfaethus yn byw yn y caeau. Yn aml byddai'r llygoden fach ofn mynd allan ac felly byddai'n mynd am rai dyddiau heb fwyd o gwbl.

Un noson ym mis Hydref cyrhaeddodd criw o bobl i'r eglwys efo pob math o fwydydd. Afalau, orennau, cnau, bara, grawnwin a blodau hyfryd. Ar ôl i bawb fynd adref dyma'r llygoden fach yn dechrau arni i fwyta'r bwydydd blasus nes bod ei stumog yn llawn. Roedd y llygoden fach yn ei chael hi'n anodd cerdded i'r twll yn y wal. Roedd ei stumog yn dew, dew. Ar ôl cyrraedd syrthiodd i gysgu a chysgodd yn drwm tan amser cinio y diwrnod wedyn.

Daeth dydd Sul heibio. Ond roedd y Sul hwn yn wahanol. Roedd yr eglwys dan ei sang a phawb yn canu'n hwyliog. Erbyn hyn roedd y llygoden fach wedi deall mai Gŵyl o Ddiolchgarwch am y Cynhaeaf oedd yn digwydd.

Meddai'r llygoden fach, 'Mae'n biti na fyddai hi'n ŵyl o ddiolchgarwch bob wythnos, nid am fy mod i wedi cael digon i'w fwyta ond am fod pawb yn hapus.'

Y diwrnod wedyn roedd y bwyd a'r blodau i gyd wedi diflannu. Gwrandawai'r llygoden fach ar sgwrs y bobl. Roedd rhai am fynd â'r bwydydd a'r blodau i'r ysbyty, eraill i gartref yr henoed a'r lleill i bobl wael yn yr ardal.

Meddai'r llygoden fach, 'Tybed ydyn nhw'n gwybod eu bod nhw wedi rhoi ychydig o fwyd i lygoden fach lwglyd a thlawd.'

Trafodaeth bellach:

● Ydych chi'n cydymdeimlo â'r llygoden fach lwglyd?

● Mae'r bobl wedi dod i'r eglwys i ddiolch am y bwyd ac ar ôl diolch maen nhw'n barod i'w rannu. Pa mor bwysig ydi rhannu ymhlith ein gilydd? Ydyn ni'n gwneud digon o hynny, nid yn unig ar Ŵyl o Ddiolchgarwch, ond bob dydd o'n bywyd?

● Trafod cyfraniad banciau bwyd.

● Trafod y cynnyrch sydd ar y bwrdd a phwysleisio'r cysyniad o gyd-ddibyniaeth. Holi o ble mae'r cynnyrch yn dod. Y reis, yr afalau, orennau, bananas, gwenith. Sut mae gwahanol dywydd a hinsawdd yn effeithio ar y cnydau? Sut maen nhw'n cael eu cario o un wlad i'r llall?

Dyfyniad o'r Beibl:

Mae'r gair 'diolch' neu 'ddiolchgarwch' yn amlygu'i hun droeon yn y Beibl.

Dyma enghraifft o'r Hen Destament:
Diolchwch i'r Arglwydd!

Mae e mor dda aton ni;
mae ei haelioni yn ddiddiwedd!

Salm 106:1 beibl.net

Dyma enghraifft o'r Testament Newydd:
Byddwch yn ddiolchgar beth bynnag ydy'ch sefyllfa chi.

1 Thesaloniaid 5:18 beibl.net

Emyn: Aeth ffermwr i hau: Canu Clod 6

Trafodaeth bellach:

● Trafod beth i'w wneud gyda'r cynnyrch.

● Y plant i gael cyfle i rannu a chynnal gwasanaeth byr yn y cartref neu'r ysbyty neu ganolfan y banc bwyd.

Myfyrdod/Gweddi:

Mae heddiw yn ddydd o ddiolch.
Am y byd da yr ydym yn byw ynddo.
Am ein cadw rhag newyn ac angen.
Ond cofiwn am rai heddiw
sydd heb ddim,
dim bwyd, dim diod, dim dillad na chysgod.
Helpa ni i'w helpu nhw. Amen.

Magnet

Cysyniadau:	**Amynedd, cydweithio, cryfder, helpu eraill, penderfyniad.**
Amcan:	**Dangos fel mae ymdrech un dyn wedi rhoi gobaith i ardal gyfan.**
Cyfarpar:	**Pinnau, darn o bapur, darn o gardfwrdd, magnet.**

Cyflwyniad:

● Dangos pin a darn o bapur i'r plant. Rhoi'r pin ar y papur ac yna'n raddol ei droi â'i wyneb i waered. Peidio dangos y magnet neu'r tynfaen.

● Ond yn ddiarwybod i'r plant dal y magnet yng nghledr eich llaw a bydd y pin yn aros ar y darn papur. Holi'r plant sut mae hyn wedi digwydd.

● Datgelu'r gyfrinach. Rhoi mwy o binnau ar y darn papur a gwneud yr un peth. Rhoi pinnau ar gerdyn a gweld a fydd y magnet yn eu dal.

● Dangos fel mae'r magnet yn tynnu pethau ato. Mae'r gair Cymraeg 'tynfaen' yn cyfleu hyn. Gellir, os ydi'r magnet yn ddigon cryf, roi'r magnet ar gefn y llaw a rhoi'r pin ar gledr y llaw.

Stori:

Faint ohonoch chi sydd wedi bod yn yr Alban? Ar pa berwyl? I weld gêm rygbi neu ar wyliau?

Heddiw mae gennym stori am ddyn o Govan, ardal yn Glasgow, y ddinas fwyaf yn yr Alban. Yn y ddinas hon y ganed Andrew (Andy) Murray, neu Syr erbyn hyn, y chwaraewr tennis, ac yn Govan y ganed

Alex Ferguson, cyn reolwr Man Utd. Ond mae'r stori heddiw yn sôn am George Macleod a aned yn Glasgow yn y flwyddyn 1895.

Gweinidog ar eglwys yn Govan oedd George Macleod. Roedd ardal Govan bryd hynny yn ardal dlawd iawn, iawn. Byddai'r plant yn rhedeg ar hyd y strydoedd yn hanner noeth. Roedd bwyd yn brin. Gofynnai George Macleod iddo'i hun yn aml, 'Sut y galla i bregethu a sôn am Iesu Grist wrth y bobl yma a hwythau eisiau bwyd? Sut y galla i bregethu i'r bobl yma nad oes ganddyn nhw ddim byd o gwbl?'

Dyma stori un fam o Govan:

'Rydw i wedi priodi ers deuddeng mlynedd a dim ond am flwyddyn y mae fy ngŵr wedi gweithio yn ystod y cyfnod hwn. Does yna ddim cyflog yn dod i'r tŷ ac mae'n rhaid i mi drwsio dillad y plant dro ar ôl tro. Mae gan yr hogyn hynaf wyth clwt ar ei drowsus. Rydw i wedi dweud wrtho y bydd o'n gynnes yn ystod y gaeaf! Rydw i newydd dynnu llawes oddi ar hen grys i'r gŵr a'i rhoi ar grys arall iddo fo. Pan fydd dillad wedi mynd yn rhy garpiog i'w gwisgo mi fyddaf yn gwneud matiau rhacs efo nhw. Ond, er gwaetha'r cyfan, rwy'n dal i obeithio y caiff fy ngŵr waith yn fuan ac y bydd pethau'n gwella.'

Penderfynodd George Macleod arbrofi i weld a oedd modd dysgu'r bobl i fyw bywyd llawen a llawn, ac i gysylltu gwaith â bywyd bob dydd. Aeth drosodd gyda nifer o ddynion eraill o Govan i ynys fechan ar arfordir gorllewinol yr Alban a chymryd meddiant o'r hen abaty oedd yno. Abaty Sant Columba oedd hwn – y sant a ddaeth â'r hanes am Iesu Grist drosodd o Iwerddon i'r Alban. Roedd hynny yn bell, bell yn ôl yn y flwyddyn Oed Crist 563, a bu abaty ar Ynys Iona am ganrifoedd ar ôl hynny.

Ond bellach dim ond adfeilion oedd ar ôl. Lle bu Sant Columba yn adrodd y pader ac yn llafarganu ei weddïau doedd yno bellach ond pentyrrau o gerrig a drain a mieri. Ac i'r lle hwn y daeth George Macleod a'i gyfeillion yn 1938 i ailadeiladu'r hen fynachlog ac i gychwyn cymdeithas yno, cymdeithas o bobl yn cydweithio a chydweddïo.

Daeth llawer o bobl Govan yno i helpu gyda'r gwaith a daeth gobaith newydd iddyn nhw. Daeth llawer i weld pwrpas newydd i fywyd ac fe ddiflannodd y tristwch a'r anobaith. Byddai pobl Govan yn dod i'r Ynys i dreulio amser efo'i gilydd ac yna'n dychwelyd adref at eu teuluoedd. Byddai'r cyfnod ar Ynys Iona yn rhoi ysbrydoliaeth newydd iddyn nhw ac yn dangos bod bywyd yn werth ei fyw.

Trafodaeth bellach:

● Sut ddyn oedd George Macleod? Fyddech chi'n dweud bod ganddo weledigaeth?

● Beth oedd pwrpas dod ynghyd i Ynys Iona?

● Beth oedd profiad ar yr Ynys yn ei roi iddyn nhw ar ôl dychwelyd i Govan?

● Dyma'r magnet unwaith eto. Sylwch beth mae'n wneud y tro hwn.

● Dangos dylanwad y magnet ar y pinnau. Mae'r pinnau yn dal wrth ei gilydd – mae'n effeithio ar y pinnau eraill. Mae'r pinnau yn ymddwyn yn union fel y magnet. (Bydd angen gadael y pinnau ar y magnet dros nos i wneud yr arbrawf hwn.)

Emyn: Ffŵl dros Grist: Canu Clod 181

Dyfyniad o'r Beibl:
Dywedodd Iesu Grist:
" ... fe dynnaf bawb ataf fy hun." Ioan 12:32 BCND

Munud i feddwl:
Hoffwn petai fy mywyd yn fagnet enfawr i wneud ffrindiau efo pawb.

Myfyrdod/Gweddi:
Diolch i ti, O Dduw, dy fod di'n awyddus i ni ddod at ein gilydd, i gydweithio ac i wneud byd gwell. Amen.

Noson Tân Gwyllt

Cysyniadau: **Diogelwch, meddwl am eraill, gwrando.**

Amcan: **Pwysleisio diogelwch ar Noson Tân Gwyllt.**

Cyfarpar: **Amrywiaeth o dân gwyllt.**

Cyflwyniad:

● Dangos amrywiaeth o dân gwyllt. Bydd y plant yn gyfarwydd iawn â'r mwyafrif. Pwysleisio diogelwch ynghyd â meddwl am eraill – plant, oedolion, pobl mewn oed, ac anifeiliaid anwes.

● Atgoffa'r plant o Reolau Noson Tân Gwyllt.
1. Prynu tân gwyllt efo'r marc BS 7114
2. Cadw'r tân gwyllt mewn bocs.
3. Peidio mynd yn agos at dân gwyllt sydd wedi'i danio rhag ofn iddo ffrwydro yn eich wyneb.
4. Peidio byth â thaflu tân gwyllt at rywun arall.
5. Peidio rhoi tân gwyllt yn eich poced.
6. Cadw anifeiliaid anwes yn y tŷ.
7. Y peth gorau i'w wneud yw mynd i noson tân gwyllt wedi'i threfnu gan arbenigwyr fel y frigâd dân.

Stori:

Roedd hi'n dechrau tywyllu ar nos Fercher 5ed o Dachwedd. A dyna lle roedd y tân gwyllt i gyd yn gorwedd yn dawel yn y tun yn siarad ymysg ei gilydd.

'Ydych chi'n edrych ymlaen at heno?' gofynnodd y Roced Anferth gan edrych i lawr ei thrwyn glas ac ysgwyd ei chynffon.

'Wrth gwrs,' meddai'r Chwyrnellwr, 'mi ydw i wedi bod yn y bocs cardfwrdd yn y sied ers rhai wythnosau erbyn hyn.'

'Mewn bocs cardfwrdd?' gofynnodd yr Olwyn Dân. 'Mewn sied? Wel dyna beth gwirion i'w wneud.'

'Oedd 'na dân gwyllt eraill efo ti yn y bocs cardfwrdd?' gofynnodd y Ffon Wreichion.

'O, oedd,' meddai'r Chwyrnellwr. 'Roedd Jac y Neidiwr, Pistyll Emrallt a Gwreichion Amryliw i gyd yn yr un bocs.'

'Mae'n amlwg fod rhywun wedi bod yn esgeulus iawn,' meddai Enfys Danllyd, 'dim ond tanio un fatsien a byddai'r bocs cardfwrdd a'r sied wedi mynd ar dân.'

'Wnaeth hynny ddim digwydd diolch byth,' meddai'r Seren Ffrwydrol, 'mi ydyn ni'n ddiogel yn y tun hwn.'

'Ond mi ddigwyddodd rhywbeth gwaeth na hynny llynedd,' meddai'r Roced Anferth. 'Roedd tad un o'r plant wedi tanio roced oedd yn debyg iawn i mi ond wnaeth hi ddim tanio'n iawn a dyma un o'r plant yn rhedeg at y roced i weld beth oedd wedi digwydd.'

'Beth ddigwyddodd wedyn?' gofynnodd yr Olwyn Dân.
'Wel, mi afaelodd ynddi yn ei law ac mi fuasai wedi gallu ffrwydro yn ei wyneb. Ond diolch byth, wnaeth hynny ddim digwydd.'

'Wel,' meddai'r Gannwyll Ddisglair, 'mi glywais i fod un bachgen bach wedi rhoi tân gwyllt yn ei boced ac un arall wedi taflu tân gwyllt at griw o blant. Ond mi gafodd hwnnw fynd adref yn syth ac i'w wely heb swper.'

'Bachgen gwirion iawn,' meddai'r Seren Ffrwydrol.

'Ond mae gen i un stori hapus,' meddai Enfys Danllyd. 'Mi glywais i am un eneth oedd wedi gwneud yn saff fod ei chi a'i chath wedi eu cau yn ddiogel yn y tŷ cyn i'r noson ddechrau.'

'Ydyn ni'n barod?' gofynnodd Jac y Neidiwr. 'Mae'r amser wedi dod i ni wneud ein gorau.'

Roedd y goelcerth wedi'i thanio a Guto'n llosgi'n braf a dyma un o'r dynion tân yn dod i nôl y tun ...

'Ffwrdd â ni!' meddai'r tân gwyllt efo'i gilydd.

Trafodaeth bellach:

- Pam oedd hi'n beryglus i gadw tân gwyllt mewn bocs cardfwrdd?

- Sut oedden nhw'n fwy diogel mewn tun?

- Pam mae arddangosfa o dân gwyllt yn fwy diogel gyda dynion tân yn bresennol?

Dyfyniad o'r Beibl:

Meddyliwch am bobl eraill gyntaf, yn lle dim ond meddwl amdanoch chi'ch hunain. Philipiaid 2:4 beibl.net

Munud i feddwl:

Cofiwch, fe all yr hyn sy'n hwyl i chi ddychryn pobl eraill.

Emyn: Hon yw fy fflam fach i: Canu Clod 214

Myfyrdod/Gweddi:

O Dduw, wnei di ddangos i ni sut i fwynhau ein hunain heb ddychryn pobl mewn oed ac anifeiliaid? Amen.

Ofn

Cysyniadau:	**Cryfder, gofal, gwrando, meddwl am eraill, ymddiriedaeth.**
Amcan:	**Trafod y broblem o 'ofn' sy'n real iawn i blant.**
Cyfarpar:	**Bocs a phry copyn (corryn) tegan ynddo.**

Cyflwyniad:

● Os gwn i beth sydd yn y bocs? Cyfle i'r plant ddyfalu. Heddiw mae gen i rywbeth efo wyth coes. Mae'n ddu. Gyda hyn bydd y plant yn siŵr o ddyfalu'n gywir. Gofyn pwy sy'n barod i roi ei law i mewn yn y bocs. Ceisiwch greu awyrgylch o ofn. Gofyn i'r plant pam maen nhw ofn y pry copyn. Os na fydd un o'r plant yn barod i roi ei law i mewn gwnewch chi hynny'n ofnus a thynnu'r tegan allan o'r bocs a hynny yn rhyddhad i bawb!

● Holi'r plant am eu hofnau. Pa greaduriaid eraill maen nhw ofn? Oes yna leoedd neu wrthrychau eraill maen nhw ofn? Beth yn union sy'n codi'r ofn? Sut deimlad ydi bod yn ofnus? Sut mae eich corff yn teimlo pan fyddwch chi ofn?

● Atgoffwch y plant fod pawb ofn – plant ac oedolion fel ei gilydd. Trafodwch eich ofnau chi. Mae'n bwysig parchu ofnau pobl a phlant er eu bod yn ymddangos yn 'hwyl' i ni.

● Pwy sydd ofn y tywyllwch? Mae hon yn broblem real iawn i blant. Mae rhai'n mynnu cael golau bach wrth y gwely neu gysgu efo brawd neu chwaer neu mam a dad. Cofiwch drafod hyn yn ofalus a sensitif.

Stori:

Fedrwch chi feddwl am greaduriaid sydd allan yn ystod oriau'r nos?
Ystlum, llwynog, draenog, tylluan.
Mae'r stori heddiw am gyw tylluan o'r enw Smwt:

Cyw tylluan wen oedd Smwt. Cafodd ei eni yn yr hen sgubor dywyll. Roedd ganddo ddau frawd ond roedd un wedi deor bedwar diwrnod o flaen Smwt a'r llall ddeuddydd. Un bychan, eiddil oedd Smwt. Y fo oedd yr olaf bob tro i gael bwyd gan ei rieni. Roedd y ddau arall wedi llowcio'r llygod, sef bwyd y tylluanod, cyn iddo fo fedru'u cyrraedd nhw. Oherwydd hynny araf iawn oedd Smwt yn tyfu. Ac mi oedd ganddo fo broblem arall. Roedd o ofn y tywyllwch. Meddyliwch, tylluan ofn y tywyllwch! Dydi tylluanod, fel arfer, ddim ofn y tywyllwch ond mi oedd Smwt.

Dechreuodd ei fam feddwl am ffyrdd o'i helpu. 'Rwyt ti ofn y tywyllwch am nad wyt ti ddim yn gwybod dim amdano. Beth wyt ti'n wybod am y tywyllwch?' gofynnodd ei fam iddo.

'Wel,' meddai Smwt. 'Mae'n ddu, ddu.'

'Na, dydi hynny ddim yn wir,' meddai'i fam wrtho. 'Mae 'na ychydig o liwiau eraill yn y nos. Yli, mae'n rhaid i ti fynd allan o'r sgubor yma ac allan i'r buarth.'

Cychwynnodd Smwt ar ei daith o'r nyth, yn araf ar draws y trawstiau, a syrthiodd bendramwnwgl i'r llawr. Pwy ddaeth heibio ond Huw, mab y fferm. Chwarddodd dros y lle wrth weld Smwt yn cael trafferth i godi ar ei draed.

'Lle rwyt ti'n mynd yr hen beth bach?' gofynnodd Huw iddo.

'Mae Mam wedi fy ngyrru fi o'r nyth sydd i fyny acw yn y sgubor am fy mod i ofn y tywyllwch.'

'Wyddost ti beth?' meddai Huw. 'Mi ydw i, hefyd, ofn y tywyllwch. Fuaset ti'n hoffi dod efo mi heno i'r llofft lle rydw i'n cysgu? Mi gei di gysgu ar ben y cwpwrdd dillad ac mi ga innau gysgu'n y gwely. Ac wedyn mi fyddwn ni'n gwmpeini i'n gilydd. Os bydda i ofn,' meddai Huw, 'mi ydw i'n gwybod dy fod di yno, ac os byddi di ofn mi fyddi di'n gwybod fy mod i yno.' Ac felly y bu am fisoedd. Ond un bore pan ddeffrôdd Huw roedd Smwt wedi diflannu. Roedd o eisiau bwyd ac, fel y gwyddoch, yn ystod y nos y mae'r tylluanod yn hela. Ddaeth Smwt ddim yn ôl i'r llofft byth wedyn.

Trafodaeth bellach:

● Sut byddech chi'n disgrifio Smwt y cyw tylluan?

● Tybed oedd ei fam yn gas wrtho?

● Oedd Huw wedi gwneud tro da â Smwt?

Dyfyniad o'r Beibl:
Mae ofn a dychryn wedi fy llethu i –
dw i'n methu stopio crynu! Salm 55:5 beibl.net

Emyn: Bydd ddewr, bydd gryf: Canu Clod 46

Munud i feddwl:
Peidiwch byth â bod ofn gwneud camgymeriad.

Myfyrdod/Gweddi:
O Dduw, weithiau mi ydw i ofn, yn enwedig yn y nos. Ond eto rydw i'n
gwybod bod fy rhieni a'm brodyr a'm chwiorydd o'm cwmpas. O dro i
dro, mae dweud wrth rywun arall am fy ofnau yn fy helpu. Diolch i ti
am wrando. Amen.

Pwy sy'n dweud y gwir?

Cysyniadau:	**Gonestrwydd, gwerthfawrogiad.**
Amcan:	**Y niwed y mae celwydd yn gallu ei wneud.**
Cyfarpar:	**Dau gerdyn â'r gair 'GAU' arnynt ac un cerdyn â 'GWIR' arno.**

Cyflwyniad:
● Rydyn ni am chwarae gêm heddiw. Enw'r gêm ydi 'Gwir neu Gau'. Mae tri disgybl wedi paratoi ar ein cyfer. Mae'r tri, yn eu tro, am geisio egluro beth ydi ystyr un gair arbennig. Mae un ystyr yn gywir ond dydi'r ddau arall ddim. Mae'n rhaid i chi wrando'n astud a phenderfynu pa un o'r disgyblion sy'n rhoi disgrifiad cywir o'r gair – Gwir neu Gau! Dyma'r gair, LEFAIN. A dyma'r tri sy'n mynd i geisio egluro ystyr y gair.

Plentyn 1:
Anifail bychan tebyg i'r carlwm ydi LEFAIN. Mae'n byw yn anialwch Sahara. Dim ond yn y nos mae'n ymddangos gan ei bod mor boeth yn ystod y dydd. Yn ystod y dydd bydd yn cysgu yn nyfnderoedd y tywod crasboeth. Ar hyn o bryd, dydi gwyddonwyr ddim yn gwybod rhyw lawer amdano. Ond un peth maen nhw'n sicr ohono ydi bod y LEFAIN yn greadur rhyfedd iawn – dim ond un llygad sydd ganddo. Felly, anifail bychan un llygad ydi'r LEFAIN.

Plentyn 2:
Ffrwyth melys iawn yw LEFAIN. Mae'n cael ei allforio o Dde Affrica. Mae'n gyffredin iawn yn y rhan honno o gyfandir Affrica. Yn ystod tymor yr hydref y bydd y LEFAIN yn cyrraedd yr archfarchnadoedd yng Nghymru. Mae'r un lliw â grawnffrwyth ond mae hwnnw'n chwerw. Mae'r LEFAIN ar y llaw arall yn hynod o felys. Ond y mae'n

ddrud iawn i'w brynu. Dyna pam na welwch chi lawer ohonyn nhw yn y siopau. Felly, ffrwyth melys, drudfawr ydi LEFAIN.

Plentyn 3:

Mae LEFAIN yn cael ei ddefnyddio i wneud bara. Dyma y mae'r pobydd yn ei ddefnyddio i wneud i'r blawd a'r dŵr godi. Erbyn hyn mae gronynnau o LEFAIN ar gael. Bydd y LEFAIN yn cael ei roi yn y toes ac yna ar ôl peth amser bydd y toes yn chwyddo ac yn codi. Felly, sylwedd ydi LEFAIN sy'n achosi i gymysgedd o ddŵr a blawd godi.

Trafodaeth bellach:

● Dyna ni wedi clywed y tri eglurhad. Ond os gwn i p'un sy'n gywir? Ai plentyn 1, neu 2, neu 3 oedd yn gywir? Rhoi cyfle i'r plant ddangos trwy godi eu dwylo. Yna y tri phlentyn i ddangos eu cardiau:

Plentyn 1: GAU;

Plentyn 2: GAU;

Plentyn 3: GWIR.

Ie, burum ydi lefain sy'n cael ei roi yn y toes.

● Tipyn o hwyl oedd y gêm. Ond ydi dweud y gwir yn bwysig?

Dyma enghraifft:

Mae Rhodri wedi gadael ei focs bwyd ar sil y ffenest ar y buarth. Roedd wedi anghofio popeth amdano. Ond pan oedd hi'n nesu at amser cinio cofiodd Rhodri am ei focs bwyd. Cofiodd ei fod wedi gadael y bocs ar sil y ffenest tra oedd o'n chwarae pêl-droed efo gweddill y bechgyn. A dyna lle roedd y bocs yn yr union le roedd o wedi'i adael. Rhyddhad.

Ond pan eisteddodd Rhodri wrth y bwrdd cinio ac agor ei focs dyna lle roedd malwod a phryfed genwair yn symud o gwmpas yr afal, y diod oren a'r papur sgleiniog oedd yn gorchuddio ei frechdanau. Pan ofynnodd yr athrawes pwy oedd yn gyfrifol, doedd neb am gyfaddef.

Meddai Ifan, 'Mi welais i rywun o Blwyddyn 4 yn chwarae efo'r bocs.'

'Na,' meddai Carys, 'mi welais i Ifan a Dei yn y llwyni yn chwilio am rywbeth.'

Rhoddodd Nia ei phig i mewn, 'Nid Ifan a Dei wnaeth, chwilio am y bêl oedden nhw yn y llwyni. Mi aeth Gwyn i'r toiled yn ystod gwers Mathemateg ac mi fu yno am amser hir iawn. Mi wnaeth Miss Jones ofyn, "Lle mae Gwyn deudwch?"'

Ond pwy wnaeth?

Trafodaeth bellach:

● Pwy sy'n dweud y gwir?

● Sut mae'r athrawes yn teimlo?

● Sut byddech chi'n mynd i ddatrys y broblem?

● Pa mor bwysig ydi dweud y gwir? Os na fyddwch chi'n dweud y gwir oes 'na rai sy'n mynd i gael bai ar gam?

Emyn: Tyrd atom: Canu Clod 393

Dyfyniad o'r Beibl:

Mae geiriau gwir yn aros bob amser,
ond celwydd, mae wedi mynd mewn chwinciad.

Diarhebion 12:19 beibl.net

Munud i feddwl:

Mae 'na dri pheth na fedrwch chi mo'u cuddio: yr haul, y lleuad a dweud y gwir. Bwda

Myfyrdod/Gweddi:

Mae'n rhaid i ni ddweud y gwir bob tro – rhag ofn y bydd rhywun yn cael bai ar gam. Dysgwn ddweud y gwir bob tro. Amen.

Swigod

Cysyniadau:	**Caru'n gilydd, ymroddiad, gofal, goddefgarwch.**
Amcan:	**Dangos fel mae rhai pethau'n newid ond fod cariad yn para.**
Cyfarpar:	**Hylif i chwythu swigod (o siop neu archfarchnad), llun calon.**

Cyflwyniad:

● Eistedd o flaen y plant a chwythu swigod. Annog y plant i eistedd yn dawel i wylio'r swigod yn diflannu. Chwythu'r swigod i ffwrdd oddi wrth y plant. Cyfeirio at brydferthwch y swigod – holl liwiau'r enfys, yn enwedig pan mae'r goleuni'n taro arnyn nhw. Yr unig broblem ydi mai dros dro y maen nhw'n para.

● Annog rhai o'r plant i ddod i chwythu'r swigod. Gweld pa mor fawr fydd y swigod ac am faint maen nhw'n para. Cadarnhau unwaith yn rhagor pa mor lliwgar ydi'r swigod ond nad ydyn nhw'n para.

● Cyfeirio at bethau eraill nad ydyn nhw'n para'n hir. Rhoi cyfle i'r plant ateb. Beth am fferins? Hufen iâ ar ddiwrnod poeth? Cath fach neu gi bach yn tyfu'n rhy sydyn o lawer. Beth am wyliau ysgol, amser chwarae ac amser cinio?

● Cyfeirio at bethau sy'n aros yr un fath – adeiladau – yr ysgol, y neuadd, capel, eglwys.

Trafodaeth bellach:

● Mae'n ymddangos nad oes fawr o ddim yn para am byth. Beth am bobl? Mi ydyn ni'n tyfu ac yn newid. Gellir dangos ffotograff o un o'r athrawon yn blentyn a sut maen nhw'n edrych heddiw. Mi ydych chi'n blant heddiw ond cyn pen dim mi fyddwch chi wedi tyfu'n oedolion. Ond dydi oedolion ddim yn byw am byth. Maen nhw'n marw.

- Dyma gyfle os dymunir i drafod marwolaeth efo'r plant a gwneud hynny'n ofalus a sensitif. Gellir trafod marwolaeth anifail anwes i ddechrau. Gellir trafod marwolaeth ym myd natur – fel mae'r planhigion yn marw.

- Yna symud ymlaen i drafod pobl mewn oed yn marw. Rhoi cyfle i'r plant ymateb. Ond nid pobl mewn oed yn unig ond pobl ifanc yn cael eu lladd mewn damwain ar y ffordd neu wedi cael afiechyd nad oes modd ei wella.

- Cyfeirio'n ôl at y swigod. Er mor brydferth oedden nhw wnaethon nhw ddim para am byth.

- Ond fedrwch chi feddwl am rywbeth sydd yn para am byth? Dal y 'galon' i fyny. Mae cariad tuag at rywun arall yn para am byth. Y plant yn caru eu rhieni a'r rhieni yn caru'r plant. Rhieni yn caru ei gilydd, nain a taid yn caru'r rhieni a charu'r plant.

- Cyfeirio at gariad Duw. Mae Duw yn ein caru.

Stori:
Dyma i chi stori am fab adawodd ei gartref ac mae'n siŵr ei fod yn meddwl bod ei dad wedi anghofio amdano ac nad oedd yn ei garu mwyach. Os gwn i beth ddigwyddodd?

Unwaith roedd tad a chanddo ddau o feibion. Dywedodd y mab ieuengaf, 'Gad i mi gael yr hyn y byddaf yn ei etifeddu pan fyddi di'n marw. Rydw i am deithio a mwynhau fy hun yn awr.' Felly rhannodd y tad ei eiddo rhwng ei ddau fab.

Cymerodd y mab ieuengaf yr arian ac aeth i ffwrdd i wlad bell. Gwariodd ei arian i gyd yn cael amser da ac yn gwneud llawer o ffrindiau, ond cyn pen dim roedd wedi gwario'r cwbl.

Daeth newyn mawr dros y wlad. Doedd dim byd i'w fwyta. Bu'n rhaid i'r mab ieuengaf gymryd yr unig waith oedd ar gael, sef bwydo moch. Ar brydiau, roedd arno gymaint o eisiau bwyd nes bod yn rhaid iddo fwyta bwyd y moch. Sylweddolodd pa mor wirion roedd o wedi bod.

'Mae gweision fy nhad yn cael mwy o fwyd nag ydw i'n gael yma. Rydw i am fynd yn ôl adref a dweud wrth fy nhad mod i wedi gwneud peth gwirion. Mi ofynna i iddo a gaf i weithio fel gwas ar y fferm.'

Ond tra oedd y mab i ffwrdd, roedd y tad yn dal i chwilio amdano ac yn gobeithio y byddai'n dod yn ôl adref. Un diwrnod, gwelodd y mab o bell, rhedodd i'w gyfarfod gan roi ei freichiau amdano a'i gusanu.

'Mae'n ddrwg gen i mod i wedi dy siomi a chodi cywilydd arnat ti,' meddai'r mab. 'Mae'n wir ddrwg gen i. Dydw i ddim yn haeddu cael fy nerbyn yn ôl yn fab i ti. Gaf i gyfle i weithio fel un o'r gweision ar y fferm?'

Ond ysgydwodd y tad ei ben.

'Tyrd â'r dillad gorau i'm mab,' galwodd y tad ar un o'r gweision. 'Rho sandalau newydd iddo a modrwy ar ei fys. Dos i baratoi'r wledd orau ar ei gyfer. Roeddwn i'n meddwl bod fy mab wedi marw. Roedd ar goll, ond nawr mae o'n fyw. Dowch i ni gael parti mawr i ddathlu ei fod wedi dod adref yn ddiogel!' Beibl Lliw Stori Duw tt. 249-250

Trafodaeth bellach:

● Pam oedd y mab ieuengaf eisiau gadael ei gartref?

● Tybed oedd y tad wedi digio wrth y mab? Sut ydych chi'n gwybod hynny?

Dyfyniad o'r Beibl:

Ffrindiau annwyl, gadewch i ni garu'n gilydd, am fod cariad yn dod oddi wrth Dduw.

1 Ioan 4:7 beibl.net

Munud i feddwl:
Rwyt ti'n fy ngwneud i'n hapus mewn ffordd na fedr neb arall.

Emyn: Cariad Iesu Grist: Canu Clod 69

Myfyrdod/Gweddi:
Diolch i ti, O Dduw, nad ydi dy gariad di byth yn gorffen na byth yn ein gadael. Helpa ni i garu ein gilydd ac i garu'r rhai sy'n gwneud drwg i ni. Amen.

Y Fi Fawr

Cysyniadau:	**Cyfeillgarwch, dyfalbarhad, gofal, hunan aberth, meddwl am eraill.**
Amcan:	**Dysgu'r plant i fod yn anhunanol ac i feddwl am eraill.**
Cyfarpar:	**Rhoi rhai o'r geiriau sy'n y cyflwyniad ar y bwrdd gwyn.**

Cyflwyniad:

● Cyflwyno'r gair 'hunanol'. Mae rhan gyntaf y gair, 'hunan', yn golygu 'fi fy hun'. Mae nifer o eiriau yn dechrau efo 'hunan'. Rhoi cyfle i'r plant restru geiriau yn dechrau â 'hunan'. Dyma rai enghreifftiau: 'hunanbwysig', 'hunandybus', 'hunangar', 'hunan hyderus', 'hunan-les'.

● Mae'r geiriau hyn i gyd yn cyfeirio at yr unigolyn neu'r hunan. Mae rhywun sy'n hunanbwysig yn meddwl gormod ohono'i hun ac mae rhywun sy'n hunangyfiawn yn sicr yn meddwl nad ydi o'n gwneud cam â neb.

Stori:

Dowch i ni wrando ar stori o Ogledd America.

Amser maith yn ôl roedd y bobl yn llwglyd a thrist. Roedden nhw'n oer. Yr unig le roedd yna dân i'w cynhesu oedd ar gopa'r mynydd. Yno roedd tri gŵr drwg yn byw. Roedd blaidd oedd yn byw ar y paith yn awyddus iawn i bawb fod yn hapus a chynnes.

Un diwrnod dringodd blaidd y paith i fyny i gopa'r mynydd i wylio'r tri gŵr drwg. Bu'n eu gwylio ddydd a nos. Ond doedd y tri gŵr drwg ddim yn cymryd dim sylw o'r blaidd.

Sylwodd y blaidd fod un gŵr drwg yn eistedd wrth y tân ar hyd yr amser. Pan oedd un yn mynd i mewn i'r babell byddai un arall yn dod i eistedd wrth y tân. Yr unig gyfle i ddwyn y tân oedd pan chwythai'r gwynt yn y bore bach. Yna byddai un o'r dynion drwg yn rhedeg dan grynu i mewn i'r babell gan weiddi, 'Fy mrawd, fy mrawd, tyrd allan i ofalu am y tân.' Ond roedd y brawd yn araf deg.

Rhuthrodd blaidd y paith i lawr y mynydd a galwodd ar griw o anifeiliaid i drafod y mater. Gwyddai, os byddai ef yn dwyn y tân, y byddai'r tri gŵr drwg yn ei erlid i lawr y mynydd. Mynnodd y blaidd fod yn rhaid i'r anifeiliaid eraill ei helpu.

Unwaith eto cerddodd y blaidd yn llechwraidd i fyny'r mynydd. Yr unig beth a welai'r tri gŵr drwg oedd y blaidd yn llercian yn y llwyni.

Pan chwythai gwynt y bore bach dyma'r gŵr drwg oedd ar ddyletswydd yn galw, 'Fy mrawd, fy mrawd, cod o'r gwely a thyrd i ofalu am y tân.' Ond roedd y brawd yn araf deg.

Cipiodd y blaidd y tân a rhedodd nerth ei draed i lawr ochr y mynydd. Roedd y gŵr drwg ar ei warthaf. Cydiodd ym mlaen ei gynffon a hyd y dydd heddiw mae cynffon blaidd y paith yn wyn.

Cyrhaeddodd y blaidd brown. Gafaelodd y blaidd brown yn y tân a llamu i lawr y mynydd. Rhedodd y gŵr drwg ar ôl y blaidd brown. Cyrhaeddodd y blaidd brown y wiwer. Gafaelodd y wiwer yn y tân a llamu o gangen i gangen i lawr y mynydd. Roedd y tân mor boeth fel y llosgodd ei gwegil. Hyd heddiw fe allwch weld y darn tywyll ar ei gwegil. Roedd y tân mor boeth fel y cyrliodd cynffon y wiwer i fyny ei chefn. Sgrialodd y gŵr drwg ar ôl y wiwer.

Ond cyrhaeddodd y wiwer y llyffant. Cymerodd y llyffant y tân yn ei geg a neidiodd i ffwrdd. Sgrialodd y gŵr drwg ar ôl y llyffant. Gafaelodd yng nghynffon y llyffant. Neidiodd y llyffant gan adael ei gynffon yn llaw y gŵr drwg. A dyna pam nad oes gan lyffantod gynffonnau. Ond roedd y gŵr drwg ar warthaf y llyffant. Er mwyn cadw'r tân poerodd y llyffant y tân ar y goeden. Llyncodd y goeden y tân.

Ond doedd y gŵr drwg ddim yn gwybod sut i gael y tân allan o'r goeden. Ond roedd blaidd y paith yn gwybod. Dangosodd blaidd y paith i ddyn sut i gael y tân allan o'r goeden trwy rwbio dau frigyn efo'i gilydd. A dyna sut, hyd heddiw, maen nhw'n medru gwneud tân.

Trafodaeth bellach:

● Pwy oedd yn hunanol/anhunanol yn y stori?

● Tybed wnaeth yr anifeiliaid ddwyn y tân iddyn nhw eu hunain?

● Pam wnaethon nhw ddwyn y tân yn y lle cyntaf?

Emyn: Byd sy'n llawn o hedd: Mwy o Glap a Chân 48

Munud i feddwl:

Y ffordd orau i ddod i'ch adnabod eich hun yw trwy ymgolli yng ngwasanaeth eraill. Mahatma Gandhi

Dywedodd Iesu Grist:
Dylech chi bob amser drin pobl eraill fel byddech chi'n hoffi iddyn nhw'ch trin chi. Mathew 7:12 beibl.net

Myfyrdod/Gweddi:

Helpa ni i feddwl am bobl eraill bob amser. Helpa ni i helpu pobl eraill bob amser. Amen.

Y Goeden Nadolig

Cysyniadau:	**Llawenydd, mwynhad.**
Amcan:	**Atgoffa'r plant o lawenydd y Nadolig a dangos fel mae'r goeden Nadolig o'i hailgylchu yn dod yn faeth i dyfiant arall.**
Cyfarpar:	**Coeden Nadolig fechan.**

Cyflwyniad:

● Trafod coed Nadolig yn gyffredinol. Rhai ffug a rhai go iawn. Beth yw rhinweddau'r ddau fath? Gellir cadw'r goeden ffug o flwyddyn i flwyddyn ond bydd rhaid prynu coeden go iawn bob blwyddyn. Ymhen dim bydd y nodwyddau yn syrthio ond mae rhai i'w cael erbyn hyn sy'n cadw eu nodwyddau. Gellir, hefyd, drafod y prisiau.

Stori:

Ers dyddiau roedd Angharad wedi bod wrthi'n swnian ar ei mam i gael coeden Nadolig. Roedd pob un o'i ffrindiau yn ei dosbarth wedi gosod eu coed Nadolig ac wedi eu haddurno. Ond roedd ei mam yn bendant, 'Gwranda Angharad, dwyt ti ddim yn mynd i gael coeden rŵan. Mae hi'n rhy fuan o lawer. Mae 'na bythefnos i fynd tan y Nadolig. Mi awn ni i chwilio am goeden yr wythnos nesaf.'

A dyna lle roedd Angharad yn cyfrif y dyddiau tan yr wythnos nesaf. A bore Sadwrn dyma'r ddwy yn cychwyn am y ganolfan arddio. Roedd hi fel coedwig yno. Coed Nadolig ymhob man. Rhai tal, rhai byr, rhai ffug a rhai go iawn. Roedd Angharad wedi gwirioni'n lân. Ar ôl treulio rhan helaeth o'r bore yn cerdded o gwmpas roedd ei mam wedi blino ac Angharad yn dal i swnian. Dyma'r ddwy yn mynd i'r caffi er mwyn cael eistedd i lawr yn fwy na dim. Ond doedd Angharad ddim yn fodlon. Roedd hi wedi gweld coeden Nadolig fechan, hardd. A doedd dim troi arni.

'Mam,' meddai mewn llais awdurdodol, 'dyma'r goeden ydw i eisiau.'

'Mae honna'n rhy fach o lawer ar gyfer y lolfa,' meddai ei mam yr un mor awdurdodol. Gwelodd ei mam nad oedd hi'n mynd i ennill y frwydr, a dyma roi i mewn, a mynd i dalu am y goeden Nadolig.

Fuodd na ddim llawer o sgwrs ar y ffordd adref yn y car. Roedd Angharad wedi bod mor benderfynol ac roedd ei mam wedi blino'n lân.

Rhedodd Angharad nerth ei thraed i'r tŷ. 'Dad, mi ydw i wedi cael coeden Nadolig. Hon oedd yr orau yn y lle i gyd,' meddai wrth ei thad.

Drwy'r prynhawn bu Angharad wrthi'n brysur yn addurno'r goeden â phob math o beli lliwgar glas, coch a gwyrdd. Rhoddodd angel ar dop y goeden a robin goch, dyn eira a Siôn Corn yn hongian ar y canghennau ac ychydig o dinsel yma ac acw. Erbyn amser te, gyda help ei thad, roedd y goeden yn barod a'r goleuadau yn wincio bob hyn a hyn.

Buan iawn y daeth dydd Nadolig ac ar ôl agor yr anrhegion doedd gan Angharad fawr i'w ddweud wrth y goeden wedyn. Roedd yr anrhegion yn cael mwy o sylw, yn enwedig y beic pinc.

Ar ôl i'r Calan fynd heibio dyma ei mam yn dechrau swnian, 'Yli, Angharad, mae'n rhaid i'r goeden yma fynd o'r tŷ 'ma. Mae hi'n colli ei nodwyddau. Mae'r carped yma'n llawn o nodwyddau gwyrdd.'

'Mae Miss Jones yn dweud mai Ionawr 6ed ydi'r diwrnod i dynnu'r addurniadau i lawr ... '

'Miss Jones neu beidio, mae'r goeden yma'n mynd o'r tŷ 'ma heddiw,' meddai ei mam.

A dyna lle bu Angharad yn tynnu'r addurniadau a'u rhoi yn ôl yn y bocs tan y Nadolig nesaf.

'Wn i,' meddai ei mam, 'mi awn â'r goeden i'r ganolfan ailgylchu.' A ffwrdd â nhw. Dyma'r dyn yn cymryd y goeden a dyma fo'n dweud wrth Angharad a'i mam, 'Mi rown ni'r goeden yn y peiriant acw ac mi fyddwn ni'n defnyddio'r gweddillion i wneud gwrtaith ar gyfer yr ardd. Mi fydd y gwrtaith yn rhoi maeth i'r blodau a'r planhigion.'

'Er bod y goeden wedi colli ei nodwyddau mi fydd hi'n helpu'r blodau i dyfu yn y gwanwyn a'r haf. Ta ta yr hen goeden!' meddai Angharad. A ffwrdd â'r ddwy am adref.

Trafodaeth bellach:

● Ydych chi'n debyg i Angharad weithiau yn mynnu eich ffordd eich hun?

● Oedd mam Angharad yn iawn yn cael gwared â'r goeden cyn Ionawr 6ed?

● Ydi o'n syniad da ailgylchu coed Nadolig?

Emyn: Coeden Nadolig: Canu Clod 81

Dyfyniad o'r Beibl:

Ond dyma'r angel yn dweud wrthyn nhw, "Peidiwch bod ofn. Mae gen i newyddion da i chi! Newyddion fydd yn gwneud pobl ym mhobman yn llawen iawn." Luc 2:10 beibl.net

Munud i feddwl:

Wrth i ni addurno'r goeden Nadolig cofiwn am blant sydd heb ddim y Nadolig hwn.

Myfyrdod/Gweddi:

Diolch i ti, O Dduw, am hwyl a mwyniant y Nadolig.
Diolch i ti am gyfle i ddathlu geni Iesu Grist.
Diolch i ti am y goeden Nadolig a'r addurniadau eraill sy'n rhoi lliw o'n cwmpas ac yn ein hatgoffa am eni Iesu. Amen.

Yr Arweinydd

Cysyniadau:	**Cryfder, gosod esiampl.**
Amcan:	**Trafod rhagoriaethau arweinydd da.**
Cyfarpar:	**Halen a channwyll.**

Cyflwyniad:

● Holi'r plant pwy yw eu harweinyddion. Bydd rhai yn siŵr o enwi rhai o fyd chwaraeon a byd adloniant. Pam maen nhw wedi dewis y rhain? Beth yw eu rhinweddau?

● Pa fath o arweinydd sydd ei angen mewn ysgol, cymuned, gwlad a'r byd?

● Beth sy'n gwneud arweinydd da? Gellir trafod nodweddion fel: gwrando ar bobl o'u cwmpas, bod yn barod i wneud penderfyniadau anodd, cynllunio'n ofalus cyn dod i benderfyniad, bod yn driw.

● Mae arweinyddion gwael yn aml yn gwneud penderfyniadau ar eu pennau'u hunain, yn methu creu perthynas ac yn disgwyl i eraill wneud y gwaith i gyd.

Stori:

Mae rhai yn credu mai'r arweinydd gorau a welodd y byd oedd Iesu Grist. Cafodd ei eni i deulu tlawd, ddwy fil o flynyddoedd yn ôl. Ar ôl iddo dreulio rhai blynyddoedd yn gweithio fel saer yn Nasareth penderfynodd ei fod am ddechrau ar waith cwbl wahanol. Gadawodd y gweithdy a galwodd griw o ddeuddeg i gydweithio gydag o. Treuliodd amser yn edrych o'i gwmpas ar sut oedd y bobl gyffredin yn byw yn y pentrefi yng Ngalilea. Roedd yn awyddus iawn i'w helpu. Pobl dlawd oedd y mwyafrif ohonyn nhw'n ceisio gwneud bywoliaeth o drin y tir ac amaethu. Roedden nhw hefyd yn byw dan ormes. Yr Ymerodraeth Rufeinig oedd yn llywodraethu'r wlad.

Yn Iesu, fe gafodd y bobl gyffredin arweinydd tan gamp. Roedd Iesu yn gweld eu hangen ac yn ceisio eu helpu i fyw bywyd gwell. Roedd ef a'i ddisgyblion yn mynd o bentref i bentref i helpu'r bobl drwy gynnig ffordd well iddyn nhw a thrwy hynny greu byd gwell.

Dowch i ni edrych ar rai o ddulliau Iesu.

Mae'n mynd ati i greu tîm i'w helpu. Mae'n dysgu'r disgyblion ac yn dweud wrthyn nhw mai nhw ydi halen y ddaear a goleuni'r byd. Mae halen yn rhoi blas ar y bwyd ac mae goleuni yn rhoi golau i weld. (Mathew 5:13-16)

Mae ei neges yn glir, yn syml ac yn ddealladwy. Mae'n dysgu trwy ddweud stori (dameg). Gellir trafod un ddameg, e.e. dameg y bugail sy'n chwilio am y ddafad sydd ar goll. (Luc 15:4-6)

Mae arweinydd da yn ysgogi eraill. Yn Jericho mae'n cyfarfod â phrif gasglwr trethi, Sacheus, ac mae'n ei gymell i newid ei ffordd o fyw. (Luc 19:1-9)

Mae Iesu'n arwain trwy ddangos esiamplau ac yn gweithredu ar ei union, e.e. gwella mam yng nghyfraith Pedr. (Marc 1:29-31)

Mae'n treulio'r rhan fwyaf o'i amser yn hyfforddi'r tîm (y disgyblion) ac yn eu hanfon allan fesul dau i helpu'r gymuned. (Luc 9:2-6)

Tasg arweinydd da ydi pontio rhwng gwahanol garfanau. Ymhlith y disgyblion y mae dau sydd â daliadau cwbl wahanol, Simon Selotes a Mathew. Roedd Simon yn perthyn i griw o bobl (Selotiaid) oedd eisiau brwydro'n erbyn Rhufain ac roedd Mathew wedi bod yn casglu trethi i Rufain. Dau begwn. Ond mae'r ddau yn cyd-dynnu yn nhîm Iesu.

Mae Iesu'r arweinydd yn gwneud gwaith y gwas bach sef golchi traed ei ddisgyblion. Tasg y gwas lleiaf oedd hon ond yma mae Iesu'n cymryd y tywel ac yn mynd ati i olchi eu traed. (Ioan 13:3-5) Yna mae Iesu'n eu cymell i wneud yr un peth i'w gilydd. (Ioan 13:14)

(Ni ellir trafod pob un o'r rhain mewn un gwasanaeth. Gellir cymryd un agwedd bob hyn a hyn a'u trafod.)

Munud i feddwl:

'Mae arweinydd da yn adnabod y ffordd, yn cerdded y ffordd ac yn dangos y ffordd i eraill.' John C. Maxwell

Mae pob arweinydd da yn helpu i wella bywydau pobl eraill. Sam Houston

Emyn: Iôr, gwna fi'n offeryn dy hedd: Canu Clod 247

Dyfyniad o'r Beibl:
"Fi ydy'r ffordd," atebodd Iesu, "yr un gwir a'r bywyd." Ioan 14:6 beibl.net

Myfyrdod/Gweddi:
Mae arweinydd da, bob amser, yn meddwl am eraill. O Dduw, helpa fi i feddwl am eraill a bod yn barod i'w helpu. Amen.

Tymor y Gwanwyn

Allweddau

Cysyniadau:	**Dyfalbarhad, gweithio'n galed, penderfyniad.**
Amcan:	**Dangos fel y mae gweithio'n galed yn dwyn ffrwyth.**
Cyfarpar:	**Detholiad o allweddau.**

Cyflwyniad:

● Dangos yr allweddau fesul un a chael y plant i ddyfalu beth yw eu pwrpas.

● Mae angen allweddau i gloi a gwneud yn ddiogel – cloi drws y tŷ, cloi'r car, cloi'r cwpwrdd. Cadw pethau'n saff ac yn ddiogel.

● Bydd angen allwedd hefyd i ddatgloi ac i agor. Felly, mae'r allwedd yn gwneud dwy swydd bwysig sef agor a chau (cloi).

● Trafod allweddau gwahanol megis allwedd car sy'n gallu agor y drws o bell. Gellir agor hefyd efo cerdyn arbennig. Ond beth bynnag yw ffurf neu siâp yr allwedd yr un yw'r pwrpas sef i agor a chloi.

Stori:

'Mam, mi ydw i'n sâl. Mae 'mhen i'n brifo. Ac mi ydw i eisiau taflu i fyny. Fedra i ddim mynd i'r ysgol heddiw. Mi ydw i'n rhy sâl.'

Roedd mam Aled wedi clywed hyn droeon o'r blaen ond y munud oedd hi wedi mynd heibio naw o'r gloch roedd Aled wedi codi o'i wely ac yn dechrau chwarae efo'i lego.

'Yli,' meddai mam Aled, 'cymra chwistrelliad o Calpol ac mi fyddi di'n well mewn dim.'

'Na Mam,' meddai Aled, 'mae Calpol yn fy ngwneud yn salach.'

Ond doedd ei fam ddim am gymryd 'na' gan Aled. 'O'r gwely 'na'r munud yma. Dos i'r ystafell molchi ac mi fydd dy frecwast yn barod ar y bwrdd.'

Sylweddolodd Aled fod ei fam yn flin. Ymlwybrodd o'r gwely, cawod sydyn a dyna lle roedd o wrth y bwrdd brecwast yn llowcio'r creision ŷd. Mewn dim roedd Aled yn y car a'i fam wrth y llyw. Cyrhaeddodd yr ysgol mewn da bryd. Ond doedd gan Aled fawr o ddiddordeb yn yr ysgol. Prin roedd yn gwrando ar Miss Prydderch. Roedd yn casáu mathemateg a sgwennu. Roedd yn well ganddo chwarae yn y gornel dywod a gwneud lluniau.

Wrth i Aled fynd o ddosbarth i ddosbarth i fyny'r ysgol doedd ganddo fawr o ddiddordeb yn y gwersi. Roedd pob athro yn cwyno amdano.

Ar ôl i Aled dyfu i fyny a gadael yr ysgol roedd o'n methu'n lân â chael gwaith. Roedd ei ffrindiau oedd efo fo yn yr ysgol wedi dechrau gweithio a rhai wedi mynd i'r coleg. Roedd ei ffrind gorau wedi cael swydd yn y garej a ffrind arall yn gweithio yn y banc a'i chwaer, oedd flwyddyn yn hŷn, wedi dechrau nyrsio. Ond Aled druan. Dim swydd, dim gwaith. Dim byd.

Meddai Aled wrtho'i hun, un diwrnod, 'Mae'n biti na fuaswn i wedi gweithio'n galetach yn yr ysgol. Roeddwn i bob amser yn hel esgusodion. Dweud mod i'n sâl ac wedyn pan oeddwn yn yr ysgol roeddwn i'n casáu pob munud yno. Ond arnaf i mae'r bai i gyd.'

Trafodaeth bellach:

● Sut fyddech chi'n disgrifio sut un oedd Aled?

● Oedd ei fam yn iawn yn ei orfodi i fynd i'r ysgol?

● Oedd Aled yn sâl o ddifrif?

Felly, mae'n bwysig ein bod yn defnyddio yr allwedd hon. Gweithio'n galed bob amser. Gwneud ein gorau. Dyma'r ffordd i lwyddo. Prin y byddai Aled wedi cael bathodyn yn dweud, 'wedi gweithio'n dda'.

Gellir trafod gyda'r plant 'allweddau dychmygol' eraill megis derbyn pawb, ymddiried ym mhawb, caru pawb.

Emyn: Down at ein gilydd: Mwy o Glap a Chân 58

Dyfyniad o'r Beibl:
Trystia'r Arglwydd yn llwyr;
paid dibynnu ar dy syniadau dy hun. Diarhebion 3:5 beibl.net

Munud i feddwl:
Dydi hen allwedd byth yn agor drws newydd.

Myfyrdod/Gweddi:
O Dduw, helpa ni i gofio mai'r allwedd i fywyd ydi gwaith caled. Helpa ni felly i weithio'n galed bob dydd nid yn unig i wella'n hunain ond i wneud pobl eraill, hefyd, yn well. Diolch. Amen.

Blwyddyn Newydd Tsieineaidd

Cysyniadau: Parchu traddodiadau eraill, gwerthfawrogi.

Amcan: Dysgu'r plant i werthfawrogi credoau a thraddodiadau eraill.

Cyfarpar: Rhestru'r anifeiliaid ar y bwrdd gwyn.

Cyflwyniad:

● Heddiw rydym am drafod blwyddyn newydd Tsieineaidd. Erbyn hyn mae caffi neu bryd parod Tsieineaidd ymhob ardal yng Nghymru.

Trafodaeth bellach:

● Yn ystod yr wythnos hon mae'n flwyddyn newydd Tsieineaidd. Mae'r blynyddoedd wedi'u rhannu'n gylch 12 mlynedd a'r rhain i gyd wedi'u henwi ar ôl anifeiliaid.

● Dyma'r anifeiliaid:
Llygoden Fawr, Ych, Teigr, Ysgyfarnog, Draig, Neidr, Ceffyl, Maharen, Mwnci, Ceiliog, Ci, Mochyn.

Stori:

Dowch i ni wrando ar chwedl sy'n disgrifio sut y cafodd y blynyddoedd eu henwi.

Flynyddoedd maith yn ôl, cyn i'r blynyddoedd gael eu henwau, mi fuo'r anifeiliaid yn dadlau ymhlith ei gilydd pa un ohonyn nhw oedd y pwysicaf.

'Fi ydi'r pwysicaf,' meddai'r ceffyl, 'y fi ydi'r anifail cryfaf o ddigon.'

'Na,' meddai'r ddraig, 'mi ydw i'n anifail mawr a hefyd mi fuaswn i yn gallu'ch lladd chi i gyd.'

'O, na'n wir,' meddai'r neidr, 'mi fedra i eich gwenwyno i gyd.

Felly fi ydi'r anifail pwysicaf ohonoch i gyd.'

Ac felly roedd hi bob dydd. Dadlau a dadlau a dadlau.

Er mwyn setlo'r mater unwaith ac am byth dyma'r duwiau yn dweud wrth yr anifeiliaid am redeg tuag at yr afon lydan ar lawr y dyffryn. A'r dasg oedd nofio o un ochr i'r llall. Dyma nhw'n dechrau nofio ar draws yr afon lydan gyda'r anifeiliaid mwyaf a chryfaf yn sicr eu bod nhw yn mynd i ennill y ras nofio.

Er bod y llygoden fawr yn nofiwr arbennig iawn, sylweddolodd yn fuan ei bod yn rhy fychan i gystadlu yn erbyn y creaduriaid mawr ac felly y byddai'n rhaid iddi ddefnyddio ei hymennydd yn ogystal â'i chyhyrau. Erbyn hyn roedd yr ych ar y blaen a chydag un llam ymlaen dyma'r llygoden fawr yn cydio yng nghynffon yr ych â'i dannedd miniog. Dyma hi'n crafangu ar ei gefn a dyna lle roedd hi'n gorffwyso'n braf ar gefn yr ych yng nghanol y dŵr byrlymus. Fel roedd yr ych yn cyrraedd y lan yr ochr draw dyma'r llygoden fawr yn neidio oddi ar ben yr ych a llamu drosodd i'r ochr draw. Roedd yr ych wedi'i syfrdanu o weld creadur mor fach wedi cael y blaen arno. Doedd ganddo ddim syniad sut ar wyneb y ddaear oedd hyn wedi digwydd. Felly, y llygoden fawr enillodd y ras nofio a'r ych yn ail. Ond nid dyna ddiwedd y stori gan fod deg o anifeiliaid eraill yn bustachu i gyrraedd y lan yr ochr draw. Y teigr oedd y trydydd i gyrraedd a'r ysgyfarnog yn bedwerydd. Cyrhaeddodd y ddraig yn bumed ychydig o eiliadau cyn i'r neidr gyrraedd. Y seithfed i gyrraedd oedd y ceffyl, yna'r maharen ac wedyn y mwnci. Y degfed i gyrraedd oedd y ceiliog a dechreuodd glochdar gyda gollyngdod ei fod wedi cyrraedd yr ochr draw yn un darn. Unfed ar ddeg oedd y ci pan ddechreuodd ysgwyd ei got nes roedd pawb yn wlyb domen unwaith yn rhagor. Yr olaf i gyrraedd, ymhell bell ar ôl y gweddill, oedd y mochyn. Teimlai'n siomedig iawn ond eto'n ddigon hapus ei fod wedi llwyddo i orffen y ras.

Ac o'r diwrnod hwnnw, amser maith yn ôl, mae cylch y blynyddoedd wedi'u henwi yn y drefn y gorffennodd yr anifeiliaid y ras.

Maen nhw'n dweud y byddwch chi'n rhannu rhai o nodweddion yr anifail yn y flwyddyn y cawsoch eich geni.

2008	Y Llygoden Fawr: Gweithio'n galed yn ystod y nos ond yn mwynhau bywyd yn ystod y dydd.
2009	Yr Ych: Cryf a ffyddlon. Mwynhau bywyd.
2010	Teigr: Deallus. Gwneud yn dda yn ystod ei fywyd.
2011	Ysgyfarnog: Hapus a llwyddiannus. Cael llawer o blant ar ôl i chi dyfu fyny.
2012	Draig: Mwynhau bywyd hawdd.
2013	Neidr: Sydyn, doeth ac yn barod i droi ei law at unrhyw waith.
2014	Ceffyl: Cryf a chyfeillgar.
2015	Maharen: Arweinydd da. Parod i helpu eraill.
2016	Mwnci: Ysgafndroed. Swnllyd iawn ar brydiau.
2017	Ceiliog: Balch, gweithgar a boregodwr.
2018	Ci: Ffrind da sy'n dysgu pethau newydd yn gyflym.
2019	Mochyn: Deallus, rhiant da ond yn gwylltio'n sydyn.

● Cyfle i ofyn i rai o'r plant ym mha flwyddyn y'u ganed a thrafod eu nodweddion.

Emyn: Duw wnaeth y creaduriaid: Clap a Chân i Dduw 60

Myfyrdod/Gweddi:

Diolch am y cyfle i wrando ar storïau o wledydd eraill. O Dduw, wnei di'n helpu ni i ddeall hanesion a chwedlau a gwerthfawrogi sut mae pobl eraill yn byw? Diolch. Amen.

Bod yn lân

Cysyniadau:	**Dysgu o brofiad, gweledigaeth, sylwgarwch.**
Amcan:	**Dangos gwerth y pethau cyffredin.**
Cyfarpar:	**Gwahanol gynhwysion glanhau e.e. polish, bleach, halen, lemwn, cyllell, powlen o ddŵr cynnes, ceiniogau a dwy geiniogau. Cadw'r halen a'r lemwn o'r neilltu tan ail hanner yr addoliad.**

Cyflwyniad:

● Ar y bwrdd o'n blaenau mae nifer o gynhwysion glanhau. Eu dangos fesul un a holi'r plant ydyn nhw wedi'u gweld o'r blaen a beth yw eu pwrpas. Faint o'r plant neu eu rhieni sydd wedi defnyddio'r rhain i lanhau? Pwysigrwydd bod yn ofalus wrth eu defnyddio oherwydd gall y cemegau fod yn niweidiol.

● Pwysleisio bod glanweithdra yn bwysig. Cadw ein hunain yn lân. Cadw'r tŷ yn lân. Faint ohonyn nhw sy'n glanhau eu stafell wely a'i chadw'n daclus?

● Pa mor hawdd oedd hi i lanhau ers talwm? Mewn rhai tai doedd dim cawod na bath. A doedd yr holl gynhwysion, fel y rhain ar y bwrdd, ddim ar gael.

● Holi'r plant am y defnydd o'r cynhwysion ar y bwrdd. Defnyddio'r polish a dangos fel mae'n codi'r llwch ac yn sgleinio'r arwynebedd ac mae arogl hyfryd arno hefyd. Holi am y prisiau. Bydd angen i'r arweinydd roi cymorth i'r plant. Rhai o'r cynhwysion yn eithaf drud. Wedyn dangos i'r plant fod yna ffordd ratach o lanhau a hynny heb ddefnyddio cemegau.

● Mae gen i arian yn fy llaw – chwech o geiniogau a chwech o ddwy geiniogau. Dyma'r dyddiadau ar rai ohonyn nhw. Maen nhw wedi cael eu defnyddio ers rhai blynyddoedd ac maen nhw'n edrych yn fudr. Tybed fedrwn ni eu glanhau nhw a'u gwneud nhw i edrych fel newydd a hynny heb ddefnyddio'r cynhwysion hyn?

● Rhoi'r ceiniogau a'r dwy geiniogau ar soser ac ysgwyd yr halen arnyn nhw nes eu gorchuddio, yna torri'r lemwn yn ddau a gwasgu'r sudd ar y ceiniogau. Cymysgu'r ceiniogau efo llwy. Yna cymryd y ceiniogau o'r gymysgedd a'u rhoi yn y bowlen o ddŵr. Yna eu sychu a'u dangos i'r gweddill. Y plant i wneud hyn o dan oruchwyliaeth.

● Gellir, os dymunir, gymharu'r ceiniogau sydd wedi eu gorchuddio â'r halen a'r lemwn a'r rhai sydd wedi eu chwistrellu â'r polish. Pa rai sy'n edrych fel newydd?

Trafodaeth bellach:
● Trafod sut mae pethau mor gyffredin â halen a sudd lemwn wedi gweithio'n well na'r polish a hynny mewn amser byr.

● Ehangu'r drafodaeth i gyfeirio at bethau cyffredin fedr wneud gwahaniaeth fel mae'r sudd lemwn a'r halen wedi gwneud e.e. dysgu bod yn garedig.

Stori:
Roedd gan y plant i gyd feddwl y byd o Bob. Bob oedd y dyn lolipop. Y fo fyddai'n croesi'r plant yn ddiogel ar draws y ffordd fawr yn y bore ac ar ddiwedd y pnawn. Ar adegau arbennig byddai Bob yn rhoi rhywbeth ychwanegol ar dop y polyn – Siôn Corn adeg y Nadolig, cwningen adeg y Pasg a gwrach adeg Calan Gaeaf. Yr adeg hynny byddai'r ceir oedd yn mynd heibio yn stopio i weld beth oedd gan Bob ar ben y polyn.
Ond un bore doedd Bob ddim yno. Daeth ei wraig, Dora, yn ei

le.

'Lle mae Bob?' holodd y plant.

'O, dydi o ddim yn dda o gwbl,' meddai Dora ei wraig.

Penderfynodd y plant eu bod nhw am gasglu arian er mwyn cael anrheg i Bob am ei fod mor garedig efo nhw. Dyna lle buon nhw am ddyddiau yn casglu digon o arian i brynu anrheg i Bob, i godi'i galon. Erbyn diwedd yr wythnos roedd dros gan punt wedi'i gasglu.

'Beth gawn ni'n anrheg i Bob?' gofynnodd Mr Williams y pennaeth.

'Beth am i ni ofyn i berchennog y siop siocledi yn y dref wneud lolipop mawr siocled iddo fo ac efo gweddill yr arian fe gaiff o brynu anrheg iddo fo'i hun?' A dyna ddigwyddodd.

'Diolch i chi am fod mor garedig,' meddai John wrtho ar ran plant yr ysgol.

'Diolch i chi am fod mor garedig efo mi,' meddai Bob â dagrau yn ei lygaid.

Roedd caredigrwydd y plant wedi codi calon Bob.

Emyn: Gofalu, rhannu: Canu Clod 190

Dyfyniad o'r Beibl:

Mae bendith fawr i'r rhai sy'n helpu pobl mewn angen.

Diarhebion 14:21 beibl.net

Munud i feddwl:

Mae caredigrwydd yn iaith y mae'r byddar yn ei chlywed a'r dall yn ei gweld. Mark Twain

Myfyrdod/Gweddi:

O Dduw, helpa fi i wneud y pethau bach syml. Helpa fi i fod yn garedig wrth bawb. Amen.

Coca Cola ... Cyfrinachol!

Cysyniadau: **Rhannu, dod i benderfyniad.**

Amcan: **Dangos bod ambell gyfrinach yn werth ei rhannu.**

Cyfarpar: **Potel neu gan o Coca Cola, Beibl, y cylchgrawn Golwg.**

Cyflwyniad:

● Dwi'n siŵr fod gan bob un ohonom ni gyfrinach. Fel arfer, fyddwn ni ddim yn datgelu cyfrinachau i'n gilydd. Mi fyddwn ni'n eu cadw i ni'n hunain. Ambell dro, pan fydd y papurau newydd a'r cylchgronau yn holi pobl enwog mi fyddan nhw'n gofyn, 'Wnewch chi rannu cyfrinach efo ni?' Mae rhai yn gwrthod yn bendant ond mae rhai yn barod i rannu ambell gyfrinach efo ni. (Gellir cymryd enghraifft o'r cylchgrawn Golwg o'r dudalen sy'n holi selebs!)

● Mi ydw i am rannu cyfrinach efo chi heddiw e.e. mi ydw i ofn pry copyn neu rywbeth arall hollol ddiniwed!

● Ydych chi wedi sylwi beth sydd ar y bwrdd heddiw? Bydd y plant yn siŵr o gyfeirio at y botel neu'r can Coke. Holi faint ohonyn nhw sy'n hoffi Coke? Gellir cyfeirio at y lori anferth fydd yn crwydro o gwmpas y wlad adeg y Nadolig.

● Wyddoch chi fod yna gynhwysyn yn y Coke sy'n gyfrinach? Yn ôl pob sôn dim ond dau o weithwyr y cwmni sy'n gwybod beth ydi'r gyfrinach. Ac yn ôl rheolau'r cwmni chaiff y ddau ddim teithio gyda'i gilydd rhag ofn i'r ddau gael eu lladd a dyna hi ar ben ar y gyfrinach wedyn.

● Dowch i gael tipyn o hanes y Coca Cola.

Stori:

Mae'r hanes yn mynd â ni'n ôl i'r flwyddyn 1886, i Atlanta, Georgia, yng Ngogledd America.

Ar ôl i John Stith Pemberton orffen ei gwrs yn y coleg meddygol cafodd drwydded i ddechrau gweithio fel fferyllydd pan oedd yn bedair ar bymtheg oed. Ond yn fuan wedi hynny cafodd ei anafu pan drywanwyd ef yn ei frest â chleddyf, pan oedd yn filwr yn y Rhyfel Cartref yn America. Wedi hynny dioddefodd boenau enbyd a byddai'n cymryd y cyffur morffin i leddfu'r boen. Bu'n gaeth i'r cyffur hwn a dechreuodd arbrofi â gwahanol fathau o blanhigion i leddfu poen ac i geisio lleihau ei ddibyniaeth ar y morffin.

Un o'r planhigion hynny oedd y coca sef planhigyn sy'n gynhenid i wledydd yr Ariannin, Bolivia, Colombia, Ecwador a Pheriw yn Ne America. Llwyn sy'n tyfu i 3-5 medr tebyg i'r ddraenen ddu ydi planhigyn y coca a'r dail a ddefnyddir i wneud coca cola.

Llwyddodd John Pemberton i wneud surop o ddail y coca, y cnau cola ynghyd â chynhwysyn arall cyfrinachol nad oes neb yn gwybod beth ydi o.

● Dangos y Beibl i'r plant. Mae 'na gyfrinach yn hwn hefyd ond cyfrinach i'w rhannu gydag eraill yw'r gyfrinach hon. Mae Iesu'n cyfeirio at un cynhwysyn ychwanegol, rhywbeth sy'n gwneud bywyd yn werth ei fyw. Nid gwerthu'r gyfrinach wnaeth Iesu ond ei rhannu gyda'i ddisgyblion. Meddai Iesu, 'Dw i wedi dod i roi bywyd i bobl, a hwnnw'n fywyd ar ei orau' (Ioan 10:10 beibl.net). Mae Iesu'n awyddus i ni i gyd rannu'r gyfrinach hon â phawb.

Trafodaeth bellach:

● Beth fyddech chi'n ddweud yw 'bywyd ar ei orau'?

● Beth ydi'r gwahaniaeth rhwng y can coke a'r Beibl?

● Sut mae mynd ati i rannu cyfrinach y Beibl?

Dyfyniad o'r Beibl:

Dyma'r adnod o'r Beibl Cymraeg Newydd:
"Yr wyf fi wedi dod er mwyn i ddynion gael bywyd, a'i gael yn ei holl gyflawnder." Ioan 10:10 BCND

Emyn: Gad i mi, Iesu cu: Canu Clod 182

Munud i feddwl:

Mae gan bob un ohonom dri bywyd gwahanol:
bywyd cyhoeddus, bywyd preifat a bywyd cyfrinachol.

Myfyrdod/Gweddi:

Diolch i ti, O Dduw, am y gyfrinach o 'fywyd ar ei orau'. Helpa ni i rannu'r gyfrinach hon â'n ffrindiau. Amen.

Croesi'r Bont

Cysyniadau:	**Cyfeillgarwch, cysylltu, derbyn eraill, gofal, meddwl am eraill.**
Amcan:	**Arwain y plant i greu a meithrin cyfeillgarwch.**
Cyfarpar:	**Lluniau o bontydd yng Nghymru a thu hwnt.**

Cyflwyniad:

● Ydych chi'n gwybod am bont yn eich ardal chi? Mae pontydd enwog ar hyd a lled Cymru. Beth am Bont y Borth (nid Pont Menai) ym Mhorthaethwy yn croesi o'r tir mawr i Ynys Môn? Beth am Bont Hafren yn croesi o Loegr i Gymru? Cyfle i'r plant sôn am bontydd yn eu hardal.

● Beth mae pont yn ei wneud? Mae pont yn cysylltu dau le. Fel arfer mae pont yn croesi afon neu gulfor. Yn yr hen amser cyn i Bont y Borth, sy'n cysylltu'r tir mawr ag Ynys Môn, gael ei hadeiladu byddai'r bobl yn croesi mewn cwch bychan neu fferi a'r anifeiliaid yn nofio ar draws Afon Menai. Felly mae pont yn hwyluso'r daith.

● Nid lle i aros arni ydi pont ond lle i fynd drosti. Mae dwy bont yn croesi afon Menai – Pont Britannia o waith Robert Stephenson a agorwyd ar 5 Mawrth 1850 a Phont y Borth a adeiladwyd gan Thomas Telford ac a agorwyd 30 Ionawr 1826. O bryd i'w gilydd, pan fydd y gwynt yn hyrddio, bydd Pont Britannia ar gau i gerbydau mawr ac felly bydd yr holl drafnidiaeth yn dod dros Bont y Borth. A dyna i chi dagfa a chynffon fawr o gerbydau a lorïau yn nadreddu'n araf dros y bont grog. Maen nhw'n sôn erbyn hyn am gael trydedd pont i groesi'r Fenai.

● Mae codi pont yn cynnig posibiliadau newydd. Cyn codi'r pontydd, ynysig iawn oedd pobl Môn. Roedd rhai pobl heb fod erioed ar y tir mawr yng Ngwynedd. Ond roedd codi'r bont yn rhoi cyfle i bobl gerdded yn ddiogel o'r naill ochr i'r llall.

Trafodaeth bellach:
● Fedrwch chi feddwl sut y gallwch chi fod yn bont?

Stori:
Wyth oed oedd Ben pan symudodd ei rieni o un ardal i ardal arall. Roedd Ben wedi bod yn ddisgybl mewn ysgol fach yn y wlad. Dim ond tri deg un o blant oedd yn yr ysgol i gyd a dwy o athrawesau. Roedd Ben wrth ei fodd yn yr ysgol. Ond pan symudodd ef a'i rieni i ardal arall roedd rhaid iddo fynd i ysgol newydd. Yn yr ysgol hon roedd dros gant o blant ac wyth o athrawon. Ar ôl y deuddydd cyntaf penderfynodd Ben nad oedd am fynd i'r ysgol. Doedd o ddim yn adnabod neb. Roedd y plant a'r athrawon yn ddieithr iddo. Y trydydd bore roedd Ben yn sâl, cur yn ei ben a phoen yn ei fol. Aeth ei fam ag ef i'r ysgol i weld y pennaeth. Ond adref yn ôl y daeth Ben. Yn ystod y dydd aeth Miss Edwards, y pennaeth, i siarad â phlant dosbarth Ben a gofyn iddyn nhw helpu Ben i setlo yn yr ysgol. Ac felly y bu. Daeth Ifan yn ffrind mawr i Ben ac o dipyn i beth daeth Deio a Gwern yn ffrindiau hefyd. Ifan oedd y bont fu'n gyfrifol am ddod â Ben a gweddill y dosbarth yn ffrindiau.

● Ydych chi wedi cael cyfle i fod yn bont? Adref neu yn yr ysgol?

● Ydi o'n bosibl bod yn bont rhwng gwahanol bobl? Beth am y Mwslemiaid neu aelodau o grefyddau arall?

Emyn: O mae'n braf cael bod yn ffrindie: Canu Clod 315

Munud i feddwl:
Codwn ormod o gloddiau a dim digon o bontydd. Isaac Newton

Cariad ydi'r bont rhyngoch chi a phopeth. Mowlana Jalaluddin Rumi

Yn nameg y Samariad caredig mae Iesu'n dweud mai'r gŵr o Samaria oedd yr un a gododd bont i gysylltu â'r dyn oedd wedi'i anafu gan y lladron.

"Felly" meddai Iesu, "yn dy farn di, pa un o'r tri fu'n gymydog i'r dyn wnaeth y lladron ymosod arno?"

Dyma'r arbenigwr yn y Gyfraith yn ateb, "Yr un wnaeth ei helpu." Luc 10:36–37 beibl.net

Myfyrdod/Gweddi:

Heddiw, mae angen i mi fod yn bont i gysylltu â rhywun sydd angen fy help. O Dduw, helpa fi i weithredu. Helpa fi i fod yn bont. Diolch. Amen.

Cyfle Newydd

Cysyniadau: Pendantrwydd, ymddiriedaeth.

Amcan: Y pleser o fwynhau pethau newydd a'r cyfleoedd newydd a gawn bob dydd.

Cyfarpar: Tudalen lân.

Cyflwyniad:

● Os gwn i beth sy'n dod i'ch meddwl chi pan fydda i'n dweud y gair, 'newydd'? Cyfle i'r plant ymateb.

● Cefais gyfle i holi tri phlentyn yn ddiweddar, neu gall tri phlentyn ddarllen y rhannau isod. Dyma oedd ganddyn nhw i'w ddweud.

Erin:

O'r diwedd mi ydw i wedi cael beth oeddwn i eisio ers tro. Ffôn newydd. Mi oeddwn i wedi swnian ers misoedd a Mam yn dweud yr un peth bob tro, 'Mi gei di ffôn pan fyddi di'n un ar ddeg oed.' A dyna ddigwyddodd. Ar fy mhen-blwydd mi ges i ffôn newydd sbon. Mi ydw i yn ei ddefnyddio bob dydd i gysylltu efo fy ffrindiau. Ond dydw i ddim yn cael ei ddefnyddio yn yr ysgol dim ond os oes 'na argyfwng neu mod i eisio cysylltu â fy rhieni. Mae o'n grêt!

Gwyndaf:

Roedd Dad wedi gadael i mi gael un o'i ddefaid. Y fi oedd piau hi. Ar ôl i mi adael iddi fynd i'r cae efo'r maharen mi ddeudodd Dad ei bod hi'n mynd i gael oen. Mi fûm i'n disgwyl am wythnosau ac yna daeth yn amser i'r oen gyrraedd. Ryw gyda'r nos dyma Dad yn gweiddi arna i. 'Tyrd yn dy flaen,' medda fo, 'mae'r ddafad ar fin rhoi genedigaeth ac mi gei di dynnu'r oen.' Doeddwn i erioed wedi gwneud yn fy mywyd, dim ond wedi gwylio Dad wrthi. Ac mi helpodd fi i dynnu'r oen. Oen newydd. Mi oeddwn i jest â chrio. Fy oen i oedd hwn. Un gwryw oedd o.

Meleri:

Gan ein bod ni'n gwneud llawer o waith ar y cyfrifiadur mae'n braf, weithiau, cael llyfr sgwennu newydd a phob tudalen yn berffaith lân. Mi fydda i'n sgwennu fy enw ar y clawr ac wedyn yn sgwennu'n daclus ar y dudalen gyntaf. Tudalen wen, lân. Mi ydw i wrth fy modd yn sgwennu am y tro cyntaf – y geiriau cyntaf ar dudalen newydd. Mi fydda i'n gwneud ati i sgwennu'n daclus a chywir. Dim ond gobeithio y bydda i'n dal ati i wneud yr un peth ar bob tudalen.

Trafodaeth bellach:

● Ydych chi wedi cael yr un profiadau ag y mae Erin, Gwyndaf a Meleri wedi'u cael?

● Yr arweinydd i wneud llun o rywbeth cyffredin ar dudalen wen, lân ond hwnnw'n llun gwael. Mynd ati wedyn ddwywaith, dair. Dweud bod y llun olaf yn well ond bod angen mwy o waith arno. Mor braf ydi cael mwy nag un cyfle i wella pan fyddwn wedi gwneud camgymeriad.

● Heddiw, mi ydw i am ddweud Blwyddyn Newydd Dda wrth bob un ohonoch. Faint ohonoch sydd wedi gwneud adduned? Dyma oedd gan Erin, Gwyndaf a Meleri i'w ddweud:

Erin:

Defnyddio llai ar y ffôn a siarad mwy efo fy nheulu yn enwedig amser pryd bwyd. A pheidio â phwdu!

Gwyndaf:

Helpu mwy ar Dad gan obeithio y ca i ddafad arall ganddo! Gweithio'n galetach yn yr ysgol er mwyn i mi gael mynd i Goleg Harper Adams neu Brifysgol Aberystwyth i astudio amaethyddiaeth a chael bod yn perthyn i'r Ffermwyr Ifanc.

Meleri:

Gweld pob diwrnod newydd fel tudalen lân. Os ydw i wedi gwneud camgymeriadau ddoe, ceisio gwneud pethau'n well heddiw.

Munud i feddwl:

Mae pob diwrnod newydd yn gyfle newydd.

Emyn: Abba, fe'th addolwn: Canu Clod 3

Dyfyniad o'r Beibl:

"Wele, yr wyf yn gwneud pob peth yn newydd." Datguddiad 21:5 BCND

Myfyrdod/Gweddi:

Diolch am yr hapusrwydd mae pethau newydd yn ei roi i ni.

Diolch am gyfleoedd newydd i helpu pawb.

Wnei di, O Dduw, ein helpu ni i wneud gwahaniaeth i fywydau pobl eraill? Amen.

Darganfod y trysor

Cysyniadau:	**Amynedd, gweledigaeth, hunan aberth, penderfyniad, dyfalbarhad.**
Amcan:	**Canolbwyntio ar y chwilio a'r dyfalbarhau.**
Cyfarpar:	**Bocs, ticed loteri, pin ffelt, chwyddwydr, Beibl a mwgwd.**

Cyflwyniad:

● Gosod bocs yn ofalus ar y bwrdd. Dangos yr eitemau eraill fesul un. Ticed loteri, pin ffelt, chwyddwydr, Beibl a mwgwd dros y llygaid. Ar ôl dangos y cwbl gofyn i'r plant beth yn eu barn nhw yw thema'r gwasanaeth. Y trysor ydi'r thema.

● Un ffordd o ddod o hyd i drysor ydi ennill y loteri. Dangos y ticed. Bydd llawer o'r plant yn gyfarwydd iawn â hwn. Pa mor debygol ydi rhywun o ennill y jacpot? Yn ôl ystadegau 1:45 miliwn. Mae gennych fwy o siawns i gael eich taro gan fellten nag ennill y loteri!

● Gofyn i blentyn ddod allan a rhoi mwgwd dros ei lygaid. Yna gofyn i hanner dwsin o blant efo gwallt golau ddod allan. Dewis un o'r plant a'r plentyn hwnnw i gydio mewn un blewyn o wallt. Rhoi marc ar y blewyn gwallt efo pin ffelt. Ond rhoi'r mwgwd am lygaid y plentyn i ddechrau.

● Cydio yn y blewyn a'i ddal ar gefndir gwyn a rhoi marc du arno. Os gwn i faint o wallt sydd gan bobl? Mae pobl efo gwallt golau gydag oddeutu 145,000, gwallt tywyll oddeutu 120,000 a gwallt coch 90,000. Dyma'r dasg i'r plentyn â'r mwgwd am ei lygaid. Tybed fedr o ddarganfod y blewyn â marc du arno ymhlith yr hanner dwsin o blant sy'n sefyll o'i flaen? Ar ôl iddo dewis rhoi chwyddwydr iddo er mwyn iddo weld drosto'i hun ydi o wedi darganfod y blewyn.

● Hanner dwsin o blant a bob un efo oddeutu 145,000 o flew, felly lluosi 145,000 efo 6 yn gwneud 870,000. Dyna i chi pa mor anodd ydi ennill y loteri. Ond maen nhw'n dweud bod y siawns o ennill y 6 rhif yn union 'run fath â darganfod y blewyn cywir o bennau 100 o bobl!

Stori:

Mae gan Iesu stori am ddyn yn darganfod trysor mewn cae. Stori fer iawn ydi hon:

> Mae teyrnas nefoedd yn debyg i ddyn yn gweithio mewn cae pan ddaeth o hyd i drysor wedi'i guddio yn y cae. Er mwyn cael y trysor mae'n ei guddio. Yna yn ei lawenydd mae'n mynd ac yn gwerthu'r cwbl oedd ganddo a hynny er mwyn prynu'r cae a chael y trysor.
>
> Mathew 13:44 BCND (aralleiriad)

Trafodaeth:

● Efallai heddiw byddai rhywun yn defnyddio darganfyddwr metel i ddod o hyd i drysor.

● Meddyliwch am y llawenydd o ddarganfod cist yn llawn o aur ac arian. Ond roedd un anhawster mawr. Nid y dyn oedd piau'r cae. Perthyn i rywun arall oedd y cae. Beth oedd o'n mynd i'w wneud? Oedd ganddo ddigon o arian i brynu'r cae? Doedd dim amdani ond cuddio'r trysor a gwerthu'r cwbl oedd ganddo. Y cwbl!

● Roedd prynu'r cae yn ddrutach o lawer na phrynu ticed loteri. Ond sylwch ar y gwahaniaeth. Mae ennill y loteri 'run fath â darganfod un blewyn o wallt ar bennau 100 o bobl. Ond pan brynodd y dyn hwn y cae roedd yn gwybod ei fod wedi taro'r jacpot. Roedd y trysor yno'n barod.

● Ond am ba drysor mae Iesu'n sôn? 'Mae teyrnas nefoedd yn debyg i drysor.' Oes yna rywbeth ar y bwrdd nad ydyn ni wedi sôn dim amdano? Y Beibl.

● Mae'r Beibl yn dangos i ni y math o fyd roedd Iesu eisiau i ni fyw ynddo. Ydych chi'n meddwl y byddai Iesu eisiau i ni fyw mewn byd lle mae pobl yn llwgu am fod pobl eraill yn hunanol? Neu mewn byd lle mae pobl yn ymladd neu fyd lle mae pobl yn gwastraffu ac yn llygru? Mae pobl sy'n gobeithio ennill y loteri yn meddwl eu bod yn mynd i brynu llawer o bethau i'w gwneud yn hapus.

● Mae'r Beibl yn dangos i ni y ffordd orau i fyw.

Emyn: Y mae gennyf drysor: Caneuon Ffydd 399

Munud i feddwl:
'Mae pwy bynnag sy'n darganfod ffrind ffyddlon yn darganfod trysor.'
'Lle bynnag mae dy drysor di y bydd dy galon di.'
Iesu Grist

Myfyrdod/Gweddi:
O Dduw, wnei di'n helpu ni i beidio gwastraffu amser yn chwilio am y math anghywir o drysor neu chwilio am y trysor yn y lleoedd anghywir? Dangos i ni beth ydi'r gwir drysor a sut mae dod o hyd iddo. Diolch. Amen.

Dydd Gŵyl Dewi Sant

Cysyniadau:	**Cydweithio, cryfder, ffyddlondeb, gofal, gwaith tîm.**
Amcan:	**Trafod cefndir ein nawddsant a dehongli ei nodweddion.**
Cyfarpar:	**Baneri'r chwe gwlad a baner Dewi Sant.**

Cyflwyniad:

● Yn ystod mis Chwefror mae cystadleuaeth Rygbi'r Chwe Gwlad yn digwydd. Pa wledydd sy'n ymryson? (Cymru, Lloegr, yr Alban, Iwerddon, Ffrainc a'r Eidal) Os yn bosib arddangos baneri'r gwledydd hyn ynghyd â baner Dewi Sant (cefndir du a chroes felen). Trafod gyda'r plant beth oedd y canlyniadau. Efallai bod rhai gemau i'w chwarae yn ystod mis Mawrth. Sut hwyl oedd Cymru wedi'i gael?

● Heddiw, Mawrth 1, rydym yn dathlu gŵyl nawddsant neu brif sant Cymru, Dewi.

● Mynd yn ôl at y tîm rygbi cenedlaethol. Er mwyn chwarae'n dda mae'n rhaid ymarfer yn gyson. Mae hyn yn wir am bob chwaraeon – pêl-droed, pêl-rwyd, hoci, beth bynnag fo'r gêm. Ymarfer cyson – nid unwaith bob hyn a hyn. Mae'n rhaid hefyd ymarfer fel tîm, nid digon yw ymarfer fel unigolyn. Rwy'n siŵr y bydd y plant yn barod iawn i ddangos y gwahanol fath o ymarferion a sgiliau.

Pwy oedd Dewi?

Dyma rai ffeithiau amdano:

● Ychydig iawn a wyddom amdano ond mae nifer o chwedlau wedi codi o'i gwmpas.

● Mae'n rhaid i ni fynd yn ôl i'r chweched ganrif. Mae cryn ansicrwydd ynglŷn â'i hanes cynnar. Dywedir iddo gael ei eni yn Henfynyw yng Ngheredigion oddeutu'r flwyddyn OC 500 yn fab i Sant ei dad a Non ei fam.

● Pan gafodd Dewi ei eni fe ddaeth storm fawr a thrawodd un o'r mellt garreg enfawr oedd wrth ymyl Non. Neidiodd un darn o'r garreg i'r awyr a syrthio wrth draed ei fam. Roedd hyn yn arwydd pendant fod rhywun arbennig wedi cael ei eni. Pan gafodd ei fedyddio fe gododd ffynnon yn y fan a'r lle ac roedd yr offeiriad oedd yn cario Dewi'n fabi bach yn ddyn dall. Ar ôl bedyddio Dewi fe olchodd ei wyneb â dŵr y bedydd a chafodd ei olwg yn ôl.

● Pan oedd Dewi'n ddisgybl fe ofynnodd ei athro iddo, 'Dewi, fel rwyt ti'n gwybod, rydw i'n ddall. Dydw i ddim yn gweld dim. Rho dy ddwylo ar fy llygaid.' Rhoddodd Dewi ei ddwy law ar lygaid Peulin, ei athro. Yn sydyn, roedd Peulin yn gweld unwaith eto.

● Rhoddodd Boia dir i Dewi i godi mynachlog arno. Bywyd anodd oedd bywyd yn y fynachlog. Byddai Dewi a'r mynaich eraill yn gweithio'n galed bob dydd. Roedden nhw hefyd yn gweddïo'n gyson ac yn darllen y Beibl.

● Roedd y bwyd yn syml iawn. Bara, dŵr, llysiau (oedd y mynaich yn eu tyfu eu hunain) a physgod o'r môr – dyna i gyd. Roedd dillad y mynaich yn syml hefyd. Dillad o grwyn anifeiliaid, heb ddim ar eu pennau na'u traed.

● Gelwid Dewi yn Ddewi Ddyfrwr. Efallai fod tri rheswm am hyn:
Roedd wedi agor llawer o ffynhonnau drwy'r wlad.
Dim ond dŵr oedd o'n yfed.
Byddai'r mynaich yn arfer sefyll am gyfnodau hir mewn dŵr oer.

Trafodaeth bellach:

● Beth, yn eich barn chi, oedd yn cynnal Dewi a'r mynaich eraill?

● Un peth pwysig i'w gofio yw mai cydweithio fel tîm oedd y mynaich.

● Hefyd roedden nhw'n ymarfer yn galed. Ymarfer eu cyrff trwy weithio ar y tir. Ymarfer eu bywyd ysbrydol trwy weddïo a darllen y Beibl. Dau ymarfer pwysig. Ymarfer y corff ac ymarfer y meddwl.

Emyn: Ein Nawddsant Ni: Mwy o Glap a Chân 67

Dyfyniad o'r Beibl:

Canwn fawl, yn awr, i wŷr o fri, ie, i'n cyndadau, a'n cenhedlodd ni.
Ecclesiasticus 44:1 Yr Apocryffa BCND

Munud i feddwl:

Y gwahaniaeth rhwng ennill a cholli, llwyddiant a methiant, ydi tîm da.

Myfyrdod/Gweddi:

Diolch i ti, O Dduw, am bobl dda a gweithgar fel Dewi Sant. Diolch am gydweithio a hynny er mwyn helpu pobl eraill. Un felly oedd dy fab, Iesu Grist. O Dduw, gwna ni fel Iesu Grist. Diolch. Amen.

Dysgu parchu eraill

Cysyniadau: **Dangos parch, cyfeillgarwch, gwerthfawrogi, goddefgarwch, meddwl am eraill.**

Amcan: **Arwain y plant i barchu eraill.**

Cyfarpar: **Cardiau gydag wyth o eiriau gwahanol ar bob un (gweler cyflwyniad).**

Cyflwyniad:

● Cardiau ar y bwrdd. Gair gwahanol ar bob un: cwrtais, moesgar, bonheddig, parchu, anghwrtais, anfoesgar, anfoneddigaidd, amharchu. Dangos y pedwar cyntaf ac yna'r pedwar arall. Dangos mai geiriau croes i'w gilydd sydd yma.

Stori:

Unwaith roedd dyn anfoesgar iawn. Doedd ganddo ddim parch tuag at unrhyw un. Dim cwrteisi o gwbl. Doedd o byth yn dweud 'Bore da' wrth neb, hyd yn oed os oedden nhw'n dweud 'Bore da' wrtho fo. Doedd o byth yn gwenu ar neb. Os oedd rhywun yn cerdded i'w gyfarfod byddai ef yn mynd heibio iddyn nhw â'i ben i lawr gan wgu ar bawb.

Un diwrnod dyma Mr Anfoesgar yn mynd am dro i'r dref. Penderfynodd fynd ar y bws. Dyna lle roedd gwraig oedrannus yn llusgo i mewn i'r bws efo paciau trwm. Roedd hi wedi bod yn siopa. Ond tybed wnaeth Mr Anfoesgar geisio ei helpu? Na, dyma fo'n gwthio heibio iddi. Bu bron iddi â syrthio.

Dim ond un sedd wag oedd yn y bws. Roedd honno yng nghefn y bws. Rhuthrodd Mr Anfoesgar heibio'r hen wraig ac eistedd yn y sedd. Pan stopiodd y bws dyma Mr Anfoesgar yn gwthio heibio pawb er mwyn cael mynd allan o flaen pawb. Chlywodd neb mohono'n dweud 'Esgusodwch fi' a ddywedodd o ddim 'Diolch yn fawr' wrth y gyrrwr chwaith.

Aeth yn syth i mewn i'r archfarchnad. Ar ôl iddo lenwi ei fasged â'i nwyddau cerddodd ymlaen i ffrynt y ciw. Dechreuodd y bobl oedd yn y ciw gwyno ond anwybyddodd Mr Anfoesgar bob un ohonyn nhw er i'r wraig oedd tu ôl i'r til ddweud wrtho, 'Esgusodwch fi, ond does gennych chi ddim hawl i wthio'n ddigywilydd i ffrynt y ciw. Ewch yn ôl.'

Ond gwrthododd Mr Anfoesgar symud cam. Roedd o'n benderfynol o aros yn ffrynt y ciw. Bu'n rhaid i'r wraig wrth y til gymryd ei arian er mwyn iddi gael gwared ag o.

Penderfynodd Mr Anfoesgar gerdded adref. Ond dechreuodd fwrw glaw yn drwm iawn. Agorodd ei ambarél. Tu ôl iddo clywodd sŵn cerdded. Trodd yn ôl i edrych. A dyna lle roedd un o'i gymdogion a'i gi yn brasgamu drwy'r glaw heb na chot law nag ambarél. Roedd o'n wlyb diferol.

Yn hytrach na chynnig iddo gerdded o dan yr ambarél efo fo, brasgamodd Mr Anfoesgar yn gyflymach gan sibrwd rhywbeth dan ei wynt.

O'r diwedd, cyrhaeddodd adref. Gwnaeth baned o de a theisen iddo'i hun ac eisteddodd yn gyffyrddus o flaen tanllwyth o dân. 'Wel,' meddai wrtho'i hun, 'mi ydw i wedi cael diwrnod diflas iawn. Wel tydi pobl yn anfoesgar, hunanol, anghwrtais, amharchus a digywilydd.'

Trafodaeth:

● Sut ddyn oedd Mr Anfoesgar?

● Beth oedd y pethau anfoesgar wnaeth o'r diwrnod hwnnw?

● Oni fyddai'n well iddo fod yn fwy cwrtais? Beth allai'i wneud i helpu'r rhai welodd o yn ystod y dydd?

● Pam oedd Mr Anfoesgar wedi cael diwrnod diflas?

Emyn: Nid yw neb yn neb: Canu Clod 298

Dyfyniad o'r Beibl:
Eich lle chi ydy bod yn garedig, yn dyner gyda'ch gilydd, a maddau i'ch gilydd. Effesiaid 4:32 beibl.net

Munud i feddwl:
Cofiwch barchu pawb, hyd yn oed os ydych chi'n credu nad ydyn nhw'n haeddu hynny. Alaric Hutchinson

Un ffordd o barchu pobl eraill ydi gwrando arnyn nhw.

Cofiwch eich parchu chi'ch hun a bydd eraill yn dangos parch tuag atoch. Confucius

Myfyrdod/Gweddi:
O Dduw, rwyt ti eisiau i ni barchu pawb a bod yn garedig efo pawb. Mae hi'n anodd weithiau. Wnei di ein helpu i barchu a charu pawb? Amen.

Dywedwch wrth bawb

Cysyniadau:	**Cenfigen, gwrthdrawiad, meddwl am eraill.**
Amcan:	**Rhannu newyddion da.**
Cyfarpar:	**Brawddegau ar y bwrdd gwyn – Mae Elin wedi cael crwban a'i enw ydi Araf. Mae ei gragen yn frown golau ac mae'n bwyta tomato, letys, moron a glaswellt.**

Cyflwyniad:

● Rydym am chwarae gêm bach syml. Mi fydda i'n dweud rhywbeth yn ddistaw wrth un ohonoch ac mi fydd rhaid i'r plentyn hwnnw ddweud y neges yn ddistaw wrth un arall a hwnnw wrth un arall. Galw ar 6 i 8 o blant i'r blaen. Sibrwd y brawddegau uchod wrth y plentyn cyntaf a hwnnw i'r ail ac yn y blaen.

● Ar ôl i'r plentyn olaf dderbyn y neges bydd rhaid iddo ddweud y neges wrth y plant i gyd. Tybed ai dyma'r neges a gafodd y plentyn cyntaf? Dangos y neges (y brawddegau) ar y bwrdd gwyn.

● Ar y ffordd efallai fod y neges wedi'i chamddeall. Efallai nad oedd un o'r plant wedi siarad yn glir, neu heb wrando'n astud, neu wedi anghofio rhan o'r sgwrs. Neu efallai fod y neges wedi aros yr un fath ar hyd y daith. Os hynny, mae'n amlwg fod y plant yn wrandawyr da iawn.

Stori:

Ar ôl bwyta cinio yn yr ystafell fwyta byddai Gwyn a Tom yn mynd yn syth i gornel y cae chwarae. Byddai'r plant mawr, yn enwedig y bechgyn, yn chwarae pêl-droed a'r genethod yn chwarae pêl-rwyd, er y byddai rhai genethod yn ymuno efo'r bechgyn i chwarae pêl-droed.

Ond ym Mlwyddyn 2 oedd Gwyn a Tom. Roedden nhw'n gobeithio chwarae rygbi pan fydden nhw ym Mlwyddyn 5 a 6. Ond, beth oedden nhw'n wneud yng nghornel y cae chwarae, tybed? Dyna lle roedden nhw'n cynllunio beth oedden nhw am ddweud wrth Miss Ifans, yr athrawes, am ambell un o'r plant yn eu dosbarth.

'Wn i,' meddai Tom, 'beth am i ni ddweud bod Gerwyn wedi dwyn pensil oedd ar ddesg Miss Ifans a'i fod o wedi'i thaflu i'r gwrych.'

'Ie, dyna syniad da, ac mi gaiff Gerwyn ffrae gan Miss Ifans ac efallai y bydd rhaid iddo fynd at Mrs Huws, y pennaeth, i gael ffrae arall,' meddai Gwyn.

Canodd y gloch. Amser cinio ar ben ac aeth Tom yn syth at Miss Ifans i ddweud bod Gerwyn wedi dwyn pensil oddi ar ddesg Miss Ifans a'i fod wedi'i thaflu i'r gwrych.

'Beth?' gofynnodd Miss Ifans braidd yn flin. 'Wedi dwyn pensil ac wedi'i thaflu i'r gwrych? A phwy wnaeth hyn?'

'Gerwyn', meddai Gwyn yn ddiniwed, 'mi wnaeth o ddwyn y bensil cyn i ni fynd i gael cinio.'

'Gerwyn,' gofynnodd Miss Ifans. 'Ydi hyn yn wir? Wnaethoch chi ddwyn pensil oddi ar y ddesg a'i thaflu i'r gwrych?'

'Naddo, Miss Ifans, wnes i ddim y fath beth.'

'Ydych chi'n berffaith siŵr, Gerwyn?'

'Yndw Miss Ifans.' Dechreuodd Gerwyn grio.

'Wel', meddai Miss Ifans, 'mae 'na rywun yn dweud celwydd. Ydych chi Tom a Gwyn yn dweud celwydd neu ydych chi Gerwyn yn dweud celwydd? Pwy sydd yn dweud celwydd?'

Trafodaeth bellach:

● Ydych chi'n cofio pwy oedd yn dweud celwydd?

● Pam y penderfynodd Gwyn a Tom ddweud celwydd am Gerwyn?

● Oedd y stori yna yn werth ei dweud wrth bawb? Pam?

Dyfyniad o'r Beibl:
Dywedodd Iesu Grist wrth ei ffrindiau am fynd o gwmpas i rannu'r
newyddion da amdano:
"Ewch i gyhoeddi'r (i ddweud) newyddion da i bawb drwy'r byd i gyd."
Marc 16:15 beibl.net

Emyn: Mae Duw yn caru pawb: Clap a Chân i Dduw 44

Munud i feddwl:
Newyddion da sy'n ein gwneud yn hapus.

Myfyrdod/Gweddi:
O Dduw, wnei di ein dysgu i rannu y newyddion da am Iesu Grist trwy
ddweud amdano a thrwy helpu'r bobl i wneud y byd yn well lle i fyw
ynddo? Diolch. Amen.

Eira

Cysyniadau:	**Mwynhad, meddwl am eraill.**
Amcan:	**Helpu'r plant i werthfawrogi'r byd o'u cwmpas.**
Cyfarpar:	**Lluniau o olygfeydd o eira, dyn eira, pluen eira.**

Cyflwyniad:

● Sut dywydd ydi hi wedi bod yn ystod y dyddiau diwethaf? Gellir cyfeirio at yr amrywiaethau – glaw, gwynt, haul, eira, niwl.

● Pwysleisio ein bod yn cael gwahanol fathau o dywydd yng Nghymru.

● Beth am dywydd ym Mhegwn y Gogledd ac yn Affrica?

● Holi'r plant pa fath o dywydd maen nhw'n ei fwynhau? Ond beth petaem ni'n cael yr un math o dywydd drwy'r flwyddyn? Haul drwy'r flwyddyn. Beth am y planhigion heb ddŵr, a ninnau?

● Yr adeg yma o'r flwyddyn, yn y gaeaf, byddwn yn cael tywydd oer, ac efallai eira.

Trafodaeth bellach:

● Mae rhai pobl a phlant yn hoffi'r eira ond dydy eraill ddim. Dyma beth ddywedodd rhai:

Nain:

Fedra i ddim dioddef eira. Mae o'n garchar. Mi ydw i ofn mynd allan o'r tŷ rhag ofn i mi syrthio a thorri fy nghoes.

Dad:
Pan oeddwn i'n blentyn bach mi oeddwn i wrth fy modd yn chwarae yn yr eira. Ond ar ôl i mi ddechrau gyrru car mi ydw i ofn am fy mywyd rhag ofn i mi sgidio a tharo neu ladd rhywun arall.

Mam:
Dyma'r adeg orau o'r flwyddyn pan fydd haenen o eira wedi gorchuddio'r tir. Mae pob man yn edrych yn brydferth. Pob man yn berffaith wyn ac yn edrych yn lân.

Sian (8 oed):
Hwre, mae'r eira wedi dod! Mi ga i fynd allan i'r ardd i wneud dyn eira efo Huw, fy mrawd bach. Mi gaiff o roi moronen yn drwyn i'r dyn eira.

Gethin (6 oed):
Dyma'r amser gorau o'r flwyddyn. Mynd yn y sleid i lawr y cae a'r eira ymhob man. Mae'n well o lawer na mynd i'r ysgol.

- Dydy Nain a Dad ddim mor hoff â hynny o'r eira. Pam tybed?

- Ond beth am Mam, Sian a Gethin? Ydyn nhw'n hoff o'r eira?

- Faint ohonoch chi sy'n hoff o'r eira? Pam?

- Oes 'na rywun sydd ddim yn hoff o'r eira? Pam?

Trafodaeth bellach:
- Mae'n rhaid bod yn ofalus iawn wrth chwarae yn yr eira. Byddwch yn ofalus pan fyddwch yn taflu peli eira rhag ofn i chi daro rhywun.

- Byddwch yn ofalus hefyd o bobl mewn oed fel Nain, sydd ofn cerdded yn yr eira rhag ofn iddi syrthio.

- Mae'n rhaid bod yn wyliadwrus ar y ffordd pan fydd yr eira wedi rhewi rhag ofn i'r ceir sgidio a tharo rhywun.

● Mwynhewch yr eira ond byddwch yn wyliadwrus.

Emyn: O dyna braf yw'r byd!: Canu Clod 305

Dyfyniad o'r Beibl:

Mae'n anfon eira fel gwlân,
yn gwasgaru barrug fel lludw,
ac yn taflu cenllysg fel briwsion.   Salm 147:16-17 beibl.net

Munud i feddwl:

Mae gan yr Esgimo 52 o enwau am eira. Pam tybed?

Myfyrdod/Gweddi:

O Dduw, diolch am gael chwarae a mwynhau ein hunain yn yr eira. Ond cofiwn am bobl eraill, yn enwedig pobl mewn oed, sydd ofn mynd allan yn yr eira. Amen.

Ffordd i Stopio'r Bwlis

Cysyniadau: Amynedd, cenfigen, dewrder, dyfalbarhad, derbyn eraill.

Amcan: Dangos bod 'na ffordd i stopio'r bwlis!

Cyfarpar: Dim.

Cyflwyniad:

Stori:

Bachgen bach gwahanol oedd Ianto. Roedd pawb yn hoff ohono – ei rieni, ei athrawon a phlant ei ddosbarth. Ond roedd Ianto yn wahanol. Roedd o'n gwybod ei fod yn wahanol i bawb arall. Ond beth oedd yn ei wneud yn wahanol?

Ei hoff raglen ar y teledu oedd Dr Who. Roedd wedi gwirioni efo Dr Who. Ond doedd hynny ddim yn ei wneud yn wahanol, siawns? Mae llawer iawn o oedolion a phlant yn gwirioni ar Dr Who. Ond, ydi plant yn cysgu mewn tardis? Dyna lle byddai Ianto gyda'r nos, yn mynd i mewn i'r tardis yn ei byjamas Dr Who a suddo i mewn i'r gwely o dan y cwilt Dr Who.

Byddai Ianto yn gwisgo'n wahanol i bawb arall. Yn yr haf, pan fyddai hi'n boeth byddai Ianto yn gwisgo sgarff am ei wddf a throwsus hir tra byddai'r bechgyn eraill i gyd mewn trowsus byr. Yn y gaeaf wedyn, pan fyddai hi'n iasoer byddai Ianto yn mynd o gwmpas mewn crys T a menig am ei ddwylo.

Roedd y bwydydd oedd o'n fwyta yn ddigon i godi cyfog ar bawb. Fyddai o byth yn cael cinio ysgol. Byddai'n dod â'i fag bwyd Dr Who yn llawn o wahanol ddanteithion i'r ystafell ginio a dyna lle byddai'n eistedd ar ei ben ei hun yn dewis a dethol beth oedd am fwyta y diwrnod hwnnw. Dydd Llun brechdanau betys ac eog. Dydd Mawrth bisgedi brau a mynydd o gaws y bwthyn arnyn nhw. Dydd

Mercher a dydd Iau pys slwj a nionyn a dydd Gwener brechdanau wyau soflieir.

Un diwrnod holodd yr athrawes blant y dosbarth am eu hanifeiliaid anwes. Ci oedd y ffefryn gyda'r gath yn ail a physgodyn aur yn drydydd. Roedd gan ambell un fwji, ond beth oedd gan Ianto? Neidr peithon. Ie, neidr.

'Ydi hi'n wenwynig?' gofynnodd Miss Edwards.

'Na,' meddai Ianto, 'dim ond gwasgu mae hi.'

'Beth mae'n fwyta?' gofynnodd Miss Edwards wedyn.

'Llygod bach. Maen nhw'n anfon llygod bach marw drwy'r post ac mi fydda i'n eu cadw yn y rhewgell ac yn rhoi un iddi bob pythefnos,' atebodd Ianto.

Roedd gweddill y dosbarth wedi rhyfeddu. Oedd, mi oedd Ianto yn wahanol. Yn wahanol iawn.

Ar ôl clywed hyn roedd plant y dosbarth yn dechrau troi'n gas tuag ato. Yn galw enwau arno. Amser cinio fe fyddai rhai ohonyn nhw'n gofyn iddo, 'Oes gen ti neidr ar dy frechdan heddiw?' neu 'Wyt ti'n mynd â'r neidr am dro i'r cae chwarae heno?'

Roedd rhai o'r genethod yn chwerthin am ei ben, yn enwedig Nanw a Martha. 'Hogyn stiwpid, gwirion, efo neidr ac yn bwyta pys slwj a nionyn i ginio.' Gallai Ianto fod wedi'u hateb a dweud pa mor ddiddorol ydi'r neidr yn nadreddu ar hyd y mat a'i thafod yn dod allan i synhwyro ei ffordd o gwmpas. Ond wnaeth o ddim. Anwybyddu Nanw a Martha wnaeth Ianto a dal ati i chwarae efo'i ffrindiau. Wel, efo ffrind. Dim ond un ffrind oedd ganddo.

Amser cinio byddai Ned a Caradog wrth eu boddau'n tynnu ar Ianto a'i wawdio. Ac wedyn byddai'r plant i gyd yn chwerthin dros y lle.

Doedd ffrindiau Ianto ddim yn deall pam nad oedd o'n gwylltio efo nhw, troi arnyn nhw i'w amddiffyn ei hun. Ond tu mewn roedd Ianto'n flin. Buasai wrth ei fodd yn rhoi Neli'r neidr, dyna oedd enw'r peithon, o gwmpas gwddf Ned a gwneud yr un peth efo Nanw a Martha. Felly, yn hytrach na dweud rhywbeth cas yn ôl byddai Ianto yn dychmygu Neli'r neidr yn gwasgu gwddf Caradog yn dynn nes y byddai ei wyneb yn goch, goch.

A wyddoch chi beth ddigwyddodd wedyn? Am nad oedd Ianto yn ymateb iddyn nhw, dyma nhw'n stopio galw enwau a dechrau ymladd ymhlith ei gilydd.

Eisteddodd Ianto wrth y bwrdd cinio. Agorodd ei fag bwyd. Ond doedd neb yn chwerthin. Doedd neb yn gofyn, 'Beth sydd ar y frechdan heddiw?'

Y pnawn hwnnw sylwodd Ianto fod Ned wedi galw enwau ar Gruff a dyma Gruff yn ei ateb yn ôl ac yn wir chafodd y ddau ddim mynd i chwarae y pnawn hwnnw. A dyna lle roedd Nanw yn dweud pethau cas wrth Martha a dyma hithau'n ei tharo â'i rhaff sgipio. A dyna i chi ysgarmes wedyn. Bu'r ddwy yn ystafell y pennaeth.

A dyna lle roedd Ianto yn chwarae'n braf gyda'i ffrind ac yn trafod Dr Who. A'r lleill yn ymladd ac yn dweud geiriau cas wrth ei gilydd.

Emyn: Fel hyn mae eisiau byw: Canu Clod 171

Trafodaeth bellach:

● Sut byddech chi'n disgrifio Ianto? Wnaeth o'r peth iawn yn eich barn chi?

● Beth am Nanw a Martha, Ned a Caradog? Sut rai oedden nhw?

Myfyrdod/Gweddi:

Mae pob un ohonom yn wahanol. Wnei di'n helpu ni i dderbyn ein gilydd ac i groesawu pawb? Diolch. Amen.

Goleuni

Cysyniadau:	**Ffyddlondeb, gofal, gonestrwydd, meddwl am eraill, rhannu.**
Amcan:	**Dangos beth yw nodweddion goleuni o safbwynt ysbrydol.**
Cyfarpar:	**Dangos yr adnod o Efengyl Ioan 8:12, fflachlamp i adlewyrchu goleuni, drych.**

Cyflwyniad:
● Rydym ni am ddechrau heddiw efo adnod o'r Beibl. Mae'r Beibl wedi ei rannu'n ddau, yr Hen Destament a'r Testament Newydd. Wedyn mae gwahanol lyfrau yn y Beibl, 39 yn yr Hen Destament a 27 yn y Testament Newydd. Yna mae pob llyfr wedi'i rannu'n benodau ac adnodau.

● Mae'r adnod rydw i am ei dewis heddiw yn dod o'r Testament Newydd, o Efengyl Ioan, yr wythfed bennod ac adnod un deg dau: 'Fi ydy golau'r byd' (beibl.net) neu o'r Beibl Cymraeg Newydd, 'Myfi yw goleuni'r byd'. Iesu Grist ddywedodd y geiriau hyn amdano'i hun. Beth oedd o'n feddwl tybed?

Trafodaeth bellach:
● O ble mae goleuni yn dod? Bydd y plant yn siŵr o ateb: bwlb, fflachlamp, goleuni car, goleudy.

● Mae'r haul yn goleuo'r blaned gyfan. Heb oleuni'r haul fyddai 'na ddim bywyd o gwbl ar y ddaear. Yr haul sy'n dod â goleuni i'r byd.

● Dowch i ni ystyried beth ydi nodweddion goleuni:
Nid rhywbeth i edrych arno ydi goleuni. Pwrpas goleuni ydi goleuo pethau eraill. Pan fydd hi'n nosi a'r haul wedi machlud bydd yn rhaid

cael goleuni yn y tŷ. Ar ôl cynnau'r bwlb trydan, nid eistedd i edrych ar y bwlb fyddwn ni ond cario ymlaen â'n gwaith yng ngoleuni'r bwlb. Ar ddiwrnod braf o haf pan fydd y byd ar ei orau nid mynd allan i edrych ar yr haul fyddwn ni. Ond, yn hytrach, mwynhau goleuni'r haul. (Cofiwch atgoffa'r plant fod edrych yn uniongyrchol ar yr haul yn beryglus iawn. Fe all wneud niwed mawr i'n llygaid.) Byw yn y goleuni fyddwn ni a gwneud yn fawr o'r goleuni hwnnw.

● Mae goleuni hefyd yn dangos a datgelu pob dim. Rwy'n siŵr eich bod wedi clywed eich rhieni yn dweud rhywbeth tebyg i hyn: 'Wel, mae goleuni'r haul yn dangos pa mor fudr ydi'r ffenestri. Mae'n rhaid i mi eu glanhau nhw' neu 'Mae'r haul yma'n dangos y gwe pry cop a'r llwch i gyd. Mae'n rhaid i mi fynd efo'r dwster i lanhau.'

● Ond mae Iesu Grist wedi dweud rhywbeth ychwanegol. Nid yn unig mai Ef ydi 'goleuni'r byd'. Ond mae wedi dweud hefyd mewn adnod o lyfr arall yn y Testament Newydd sef Efengyl Mathew, pennod pump ac adnod un deg pedwar:
"Chi ydy'r golau sydd yn y byd."

● Yn y nos mae'r lleuad yn olau. Ond does gan y lleuad ddim goleuni ohoni ei hun, mwy nag sydd gan ein planed ni. Mae'n planed ni, y Ddaear, a'r lleuad yn dibynnu ar oleuni'r haul. Mae'r lleuad yn adlewyrchu goleuni'r haul ac yn ei adlewyrchu (yn ei daflu'n ôl i'r Ddaear). (Gellir dangos hyn i'r plant trwy ddefnyddio fflachlamp a drych. Taro goleuni'r fflachlamp ar y drych a bydd yr adlewyrchiad yn cael ei greu. Gellir taflu'r adlewyrchiad ar y mur neu'r bwrdd.)

● Sut medrwn ni adlewyrchu'r goleuni? Mae goleuni yn codi'n calon. Mae'n hwyl cael mynd allan pan mae hi'n braf ond digon diflas fydd hi pan mae'n bwrw glaw a chymylau tywyll o gwmpas. Sut medrwn ni godi calon pobl? Gwneud ein gorau, helpu. Bydd gan y plant nifer o syniadau eraill.

Emyn: Iesu yw goleuni'r byd: Canu Clod 243

Dyfyniad o'r Beibl:

Nid rhywbeth i'w guddio ydi goleuni ond rhywbeth i'w rannu:

"A does neb yn goleuo lamp i'w gosod o dan fowlen! Na, dych chi'n gosod lamp ar fwrdd er mwyn iddi roi golau i bawb yn y tŷ. Dyna sut dylai'ch golau chi ddisgleirio, er mwyn i bobl foli'ch Tad yn y nefoedd wrth weld y pethau da dych chi'n eu gwneud."

Mathew 5:15-16 beibl.net

Munud i feddwl:

Fedr y tywyllwch ddim cael gwared â thywyllwch. Dim ond goleuni fedr ymlid y tywyllwch. Martin Luther King

Llewyrchwch oleuni a bydd y tywyllwch yn diflannu. Desiderius Erasmus

Myfyrdod/Gweddi:

O Dduw, helpa fi i fod yn oleuni sy'n goleuo'r ffordd i eraill. Diolch. Amen.

Llygaid i weld

Cysyniadau:	**Ymddiriedaeth, gwerthfawrogiad, gosod esiampl.**
Amcan:	**Dangos fel mae gweddi yn gallu bod o gymorth.**
Cyfarpar:	**Cerdyn prawf llygaid fel y gwelir yn y sgript.**

Cyflwyniad:

● Os gwn i faint ohonoch chi sydd wedi bod at optegydd neu feddyg ysgol i gael profi'r llygaid? Er mwyn profi pa mor dda ydych chi'n gweld bydd yr optegydd yn defnyddio siart gyda llythrennau arni. Un debyg i'r siart hon. Mae'r llythyren gyntaf yn fawr ond mae'r llythrennau ar y llinellau eraill yn mynd yn llai ac yn llai. Bydd yr optegydd yn gofyn i chi ddarllen y llythrennau gan ddechrau gyda'r llythyren fawr ar y top. Yna bydd yn cadw cofnod manwl o'r rhai fyddwch chi yn eu camddarllen. Bydd hynny'n penderfynu a fyddwch chi angen sbectol neu beidio. (Os bydd plant yn gwisgo sbectol gellwch ofyn iddyn nhw a fuo'n rhaid iddyn nhw ddarllen llythrennau ar siart debyg i hon.)

● Rhoi cyfle i unigolion ddod allan i ddarllen y llythrennau gan gau un llygad ac yna'r llall. Ydych chi'n meddwl mai cyfres o lythrennau sydd yma neu oes modd gwneud brawddeg o'r llythrennau?

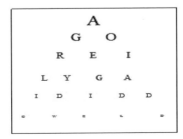

• Yn aml iawn byddwn yn edrych ond nid yn gweld – ddim yn edrych yn graff. Adnod ydi hon o'r Beibl, 2 Brenhinoedd 6:17, a dyma'r geiriau, 'Agor ei lygaid, iddo weld.'

Stori:

Gweddi oedd hon a'r gweddïwr oedd Eliseus y proffwyd. Roedd milwyr Syria yn brwydro'n erbyn Israel. Gwyddai Eliseus fod byddin Syria â'u bryd ar ymosod ar Israel a'u bod, yn barod, wedi gwersylla yn ddigon agos i dir Israel. Ond bob tro roedd hyn yn digwydd byddai brenin Israel yn anfon milwyr yno i amddiffyn ei wlad.

Erbyn hyn roedd brenin Syria yn berffaith sicr fod aelod o'i fyddin yn rhoi gwybodaeth i frenin Israel. 'Pa un ohonoch,' meddai, 'sy'n helpu brenin Israel?'

'Does neb o'n byddin ni yn helpu brenin Israel ond mi wn i pwy sy'n helpu brenin Israel,' meddai un cadfridog.

'Pwy ydi hwnnw?' gofynnodd brenin Syria yn sarrug.

'Eliseus y proffwyd sy'n dweud wrtho.'

'Ewch i chwilio amdano er mwyn i mi ei ddal,' meddai'r brenin.

A chawsant hyd iddo mewn lle o'r enw Dothan. Felly dyma frenin Syria yn anfon milwyr gyda'r nos ac yn amgylchynu'r dref.

Yn y bore bach dyma was Eliseus yn gweld y milwyr ac roedd o wedi dychryn a rhedodd at Eliseus ac meddai, 'Eliseus, fy meistr, beth wnawn ni? Mae milwyr Syria ar eu ffordd.'

Dechreuodd Eliseus weddïo ar Dduw, 'Arglwydd, agor ei lygaid, iddo weld.'

Fe arweiniodd Eliseus fyddin Syria i le arall a dyma frenin Israel yn rhoi bwyd a diod iddyn nhw a'u gadael i fynd yn ôl at eu meistr.

Trafodaeth bellach:

• Sut ddyn oedd Eliseus y proffwyd?

• Gafodd Eliseus ateb i'w weddi?

• Ydych chi'n credu bod y pryd bwyd wedi gwneud gwahaniaeth i agwedd byddin Syria?

● Beth fyddwch chi'n wneud pan fyddwch yn bryderus ac ofnus?

Dyfyniad o'r Beibl:

"Y llygad ydy lamp y corff. Felly, mae llygad iach yn gwneud dy gorff yn olau drwyddo." Mathew 6:22 beibl.net

Emyn: Gweddi sydd fel codi ffôn: Canu Clod 198

Munud i feddwl:

Defnyddiwch eich llygaid i weld angen pobl eraill.

Myfyrdod/Gweddi:

O Dduw, pan fyddwn yn ofnus ac yn llawn pryder helpa ni i droi atat ti. Agor ein llygaid i weld ac i sylweddoli dy fod yn agos atom. Amen.

Sat-Nav

Cysyniadau:	**Ymddiriedaeth, gwerthfawrogiad, penderfyniad.**
Amcan:	**Dysgu gwrando a dilyn cyfarwyddiadau.**
Cyfarpar:	**Atlas, sat-nav.**

Cyflwyniad:

● Sôn am ddigwyddiad lle roeddech wedi mynd ar goll. Doedd gennych ddim map na sat-nav. Gorfod dibynnu ar yr arwyddion ffordd. Ond roedd gwaith ffordd yn digwydd ac arwydd 'Gwyriad' ond doedd yr arwyddion wedyn ddim yn glir. Felly buoch yn troi a throsi a mynd rownd a rownd o gwmpas. Ond yn y diwedd cawsoch help gan yr heddlu a dwy awr yn ddiweddarach cyrhaeddoch ben y daith. Ond taith awr oedd hi fel arfer.

● Holi'r plant faint o'u rhieni sydd yn mynd â map efo nhw yn y car. Faint sydd efo sat-nav yn y car? Bydd y plant wrth eu boddau yn trafod nodweddion y sat-nav. Beth yw ei rinweddau? Ydi o'n dangos pan fo damwain wedi digwydd? Beth am waith ffordd?

Trafodaeth bellach:

● Trafod bywyd fel taith. Gellir trafod y Beibl fel sat-nav. Mae'n rhoi cyfarwyddyd i ni sut i deithio, pethau i'w hosgoi ar y ffordd a ffrindiau da i rannu'r daith. Mae hefyd yn llawn o straeon am rai o'r teithwyr. Mae'n manylu ar eu teithiau, y troeon trwstan ar y ffordd.

● Mae'n bwysig gwrando ar y cyfarwyddiadau. Beth mae'r sat-nav yn ddweud wrthyn ni a beth mae'r Beibl yn ddweud wrthyn ni.

Stori:

'Carys, dwyt ti ddim yn gwrando dim arna i.' Dyna oedd tôn gron ei mam. Roedd Carys mewn byd bach ar ei phen ei hun. Roedd ei hathro, hefyd, yn dweud yr un peth wrthi.

Un diwrnod, yn yr ysgol roedd gan Mr James newyddion da iawn i'r dosbarth. Roedden nhw'n cael mynd i ganolfan ddringo yn y dref i ddysgu sgiliau dringo a hynny am ddiwrnod cyfan. 'Cofiwch ddod â phecyn bwyd efo chi.'

Edrychai Blwyddyn 6 ymlaen i'r diwrnod. Dim gwersi yn yr ysgol a chyfle i ddysgu dringo yn y ganolfan.

Bachgen heini yr olwg oedd yr hyfforddwr. 'Tomos ydw i, a fi ydi'r hyfforddwr heddiw. Y peth pwysicaf i chi gofio heddiw ydi dysgu gwrando'n astud. Mi fydda i'n rhoi cyfarwyddiadau i chi ac os gwrandewch chi ar bob gair fydd dim rhaid i chi bryderu dim.'

Edrychodd Mr James ar Carys. 'Mi ydw i yn gwrando, Mr James,' meddai Carys â gwên ar ei hwyneb.

Dechreuodd Tomos ddangos i'r plant sut i gysylltu'r rhaffau i'r carabiner, sef clip diogelwch ar y belt, sut i fynd i'r harnais ddiogelwch a sut i gau'r helmed. Roedd Carys yn gwylio ac yn gwrando'n astud. Crwydrodd ei meddwl. Tybed oedd hi wedi gweld Tomos ar y rhaglen Cyw pan oedd hi'n gwylio'r rhaglen efo'i brawd bach?

'Beth bynnag wnewch chi peidiwch â gadael i hyn ddigwydd,' meddai Tomos.

'Gadael i beth ddigwydd?' gofynnodd Carys iddi'i hun. Gwelodd weddill y dosbarth yn nodio'u pennau. Mae'n rhaid ei fod yn rhywbeth pwysig!

Mewn dim o amser roedd Carys yn dringo'n reddfol o gam i gam ar y wal ddringo. Daeth i lawr o'r top a'i ffrindiau yn gadael i'r rhaff lithro drwy eu bysedd a glaniodd ar y llawr. 'Mae o'n grêt' meddai Carys.

Yn awr, ei thro hi ac Elin oedd helpu Marged i ddringo tra oedd y rhaff yn eu dwylo. Dyma'r adeg pan ddechreuodd meddwl Carys grwydro. Beth yn union oedd hi fod i'w wneud efo'r rhaff? Ond doedd Marged ddim yn gyffyrddus. 'Dw i eisiau dod i lawr, y munud yma,' gwaeddodd.

'Iawn,' meddai Tomos. 'Ydych chi'ch dwy yn barod i'w helpu?'
'Ydyn' oedd ateb y ddwy. Neidiodd Marged yn sydyn ond doedd
Carys ddim yn dal y rhaff yn ddigon tynn. Llithrodd y rhaff o ddwylo
Carys a syrthiodd Marged ar ei chefn ar y llawr. Gwyddai Carys y
dylai hi fod wedi gafael yn y rhaff yn dynnach o lawer.

Brasgamodd Tomos at Marged a dweud wrthi am beidio symud.
Aethpwyd â Marged i'r ysbyty a bu yno am bedwar diwrnod.

Doedd Carys ddim yn gwybod beth i'w ddweud!

Trafodaeth bellach:

● Pwy sy'n debyg i Carys?

● A ddylai Marged fod ar y wal ddringo os oedd hi'n ofnus?

● Ar pwy oedd y bai fod Marged wedi syrthio?

Emyn: Teithio yn y car ar y draffordd hir: Canu Clod 383

Dyfyniad o'r Beibl:

Mae Iesu wedi addo:
"Bydda i'n gofyn i'r Tad, a bydd e'n rhoi un arall fydd yn sefyll gyda chi
ac yn aros gyda chi am byth." Ioan 14:16 beibl.net

Munud i feddwl:

Yn aml iawn, dydi'r ffordd ymlaen ddim yn glir. Ond ar ôl cymryd y
cam cyntaf bydd y ffordd yn dod yn gliriach. Martin Luther King

Myfyrdod/Gweddi:

O Dduw, wnei di ein harwain ar hyd y ffordd, a phan fo'r ffordd yn
anodd ac yn droellog wnei di bryd hynny afael yn dynn yn ein llaw?
Diolch. Amen.

Thomas Charles a'r Ysgol Sul

Cysyniadau: **Meddwl am eraill, brwdfrydedd, dyfalbarhad, cydweithio.**

Amcan: **Dangos fel y daeth ymdrech unigolyn i ddysgu plant a phobl i ddarllen.**

Cyfarpar: **Geiriau ar y bwrdd gwyn, Beibl.**

Cyflwyniad:

● Heddiw rydym am fynd yn ôl i'r flwyddyn 1780.
Mae dyn ifanc newydd symud i fyw i dref y Bala. Mae o newydd briodi â Sali, merch sy'n cadw siop yn y Bala. Enw'r gŵr ifanc ydi Thomas, Thomas Charles. Pregethwr ydi Thomas ac mae'n awyddus iawn i blant y Bala fedru dysgu darllen er mwyn iddyn nhw fedru darllen y Beibl.
Mae Thomas wedi paratoi llyfr i'r plant i ddysgu darllen. Yn y llyfr mae'r wyddor, geiriau a brawddegau. Geiriau byr ydi'r rhai cyntaf a brawddegau byrion ond mae'r geiriau a'r brawddegau yn mynd yn hirach ac yn hirach.

● Dowch i ni weld fedrwch chi ddarllen rhai o'r geiriau a'r brawddegau.
Dyma rai o'r geiriau a'r brawddegau:
Ei, Ar, Ac, Do
Af ar ei ôl
Duw, byw, bod
Duw da yw ein Duw ni.
cant, dwfn, glas
cad-wyn, breich-iau, ar-swyd
Cariad ni wna ddrwg i neb.
ty-wyll-wch, dy-wed-wn
gwa-han-glwyf-us
dir-gel-ed-ig-aeth

Stori:

Deg oed oedd Ifan pan ddywedodd ei dad wrtho fod dyn dieithr wedi dod i'r pentref.

'Wyddost ti fod Thomas Charles yn dod i ymweld â ni ddiwedd yr wythnos?'

'Pwy ydi Thomas Charles?' gofynnodd Ifan.

'Wel, mae Thomas Charles yn athro a hefyd yn bregethwr. Ac mae'n dod draw i'n dysgu ni i ddarllen y Beibl.'

'Ond fedra i, na neb hyd y gwn i, ddarllen,' meddai Ifan.

'Dyna pam mae o'n dod yma. Mae o'n mynd i'n dysgu i ddarllen. Ac mi ydw i wedi penderfynu agor y sgubor iddo. Dwi'n siŵr y bydd cannoedd o bobl yn dod draw.'

Roedd pawb yn y pentref yn edrych ymlaen am ymweliad Mr Charles fel roedd pawb yn cyfeirio ato. Pan ddaeth y noson heibio roedd y sgubor yn llawn. Soniodd, i ddechrau, fod y Beibl yn bwysig ac roedd ganddo becyn o Feiblau i'w gwerthu. Ond doedd fawr neb yn eu prynu gan eu bod mor ddrud.

'Ond,' meddai Mr Charles, 'mae gen i rywbeth am ddim i chi.' Wrth ei ochr roedd dyn ifanc yn sefyll. 'Dyma William Rhys' meddai Mr Charles. 'Mi fydd Mr Rhys yn aros yma am dipyn o amser. Gan nad oes ysgol yn y pentref y fo fydd eich athro. Y fo fydd yn eich dysgu i ddarllen y Beibl.'

Roedd y bobl i gyd wedi rhyfeddu. Athro yn dod i fyw i'r pentref i ddysgu'r pentrefwyr i gyd, plant ac oedolion, i ddarllen y Beibl. Cafodd Mr Charles a Mr Rhys groeso mawr y noson honno. Ac roedd Ifan mor falch fod ei dad wedi rhoi benthyg y sgubor i'r pentrefwyr. Ac yn y sgubor honno yn cynhaliwyd yr ysgol gyntaf yn y pentref.

Trafodaeth bellach:

● Fedrwch chi feddwl am bobl mewn pentref cyfan heb fedru darllen?

● Sut ddyn oedd Thomas Charles?

● Beth am y syniad o un athro i bentref cyfan a hynny i ddysgu'r plant a'r oedolion i ddarllen?

Emyn: Un cam bychan: Mwy o Glap a Chân 81

Dyfyniad o'r Beibl:

Hanes Iesu Grist yn darllen yr Ysgrythurau yn Nasareth:

A daeth i Nasareth, lle cafodd ei fagu, a mynd i'r synagog ar y Saboth fel roedd yn arfer ei wneud. Safodd ar ei draed i ddarllen o'r ysgrifau sanctaidd. Sgrôl proffwydoliaeth Eseia gafodd ei rhoi iddo ...

Luc 4:16-17 beibl.net

Munud i feddwl:

Nid dyletswydd yw darllen ond pleser pur.
Mae darllen yn agor y drysau i fydoedd newydd a chyffrous.

Myfyrdod/Gweddi:

O Dduw, diolch i ti am waith pobl fel Thomas Charles a'i debyg. Cofiwn hefyd am waith yr Ysgol Sul yng Nghymru heddiw a diolch fod yna athrawon sy'n barod i'n helpu i ddysgu darllen. Diolch. Amen.

Torri'r Papur

Cysyniadau:	**Cydweithio, dyfalbarhad, gwaith tîm, penderfyniad.**
Amcan:	**Dysgu cydweithio a rhannu'r baich.**
Cyfarpar:	**Papur sgrap A4.**

Cyflwyniad:

Mae gen i bentwr o bapur sgrap A4 yn fy llaw ac mi ydw i am ofyn i un ohonoch ddod allan i dorri'r pentwr yn ei hanner. Gwahodd un plentyn i geisio torri'r pentwr yn ddau. Rhoi cyfle i ddau neu dri o blant. Ar ôl i bob un ohonyn nhw fethu torri'r papur cyfle iddyn nhw wrando ar stori:

Stori:

Un tro roedd gan rhyw ddyn bump o feibion cryfion ond mi oedden nhw drwy'r amser yn dadlau â'i gilydd ac yn anghydweld ac yn ffraeo efo'i gilydd. Dywedodd y tad fod yn rhaid iddyn nhw weithio efo'i gilydd, cydweithio. Ond doedden nhw'n gwrando dim. Dim ond dal i ffraeo ymhlith ei gilydd.

Un diwrnod dyma'r tad yn gofyn iddyn nhw ddod i'r buarth a dangosodd fwndel o frigau iddyn nhw. Gofynnodd i'r mab hynaf dorri'r bwndel yn ddau. Gofynnodd i'r ail fab ac wedyn i'r trydydd, y pedwerydd a'r pumed. Ond doedd yr un ohonyn nhw'n gallu torri na hyd yn oed yn gallu plygu'r bwndel o goed.

Yna, dyma'r tad yn agor y cortyn oedd yn dal y bwndel efo'i gilydd a rhoi brigyn fesul un i'r meibion.

'Dyma gyfle i chi dorri un brigyn ar y tro,' meddai'r tad. Cymerodd pob un o'r meibion un brigyn yr un a llwyddodd pob un ohonyn nhw i dorri'r brigyn yn hawdd. Meddai'r tad wrthyn nhw, 'Petaech chi'n stopio ffraeo ac anghydweld a dechrau gweithio efo'ch gilydd, cydweithio, yna mi fyddech chi'n gallu gwneud mwy o waith. Mae'n rhaid i chi ddysgu gweithio efo'ch gilydd a helpu eich gilydd os ydych chi am fod yn gryf.'

Trafodaeth bellach:

● Ar ôl gwrando ar y stori yna sut ydyn ni'n mynd i dorri'r pentwr papur? Rhannu'r papur, tair neu bedair tudalen i bob plentyn. Bydd y plant yn gweld drostyn nhw'u hunain bod y dasg yn haws. Maen nhw wedi rhannu'r gwaith. Gellir cyfeirio at yr hyn sy'n digwydd mewn ysgol. Er bod pennaeth ymhob ysgol, nid y pennaeth ar ei ben ei hun sy'n rhedeg ysgol. Mae athrawon yn cynorthwyo, mae staff y gegin a'r glanhawyr, y rhieni a'r plant a'r llywodraethwyr i gyd yn rhan o fywyd yr ysgol a phob un yn rhoi ei gyfraniad.

● Holi'r plant am weithgareddau eraill sy'n gofyn am gyfraniad tîm. Tîm pêl-droed, rygbi, drama, clocsio, dawnsio, cerddorfa.

● Ydych chi wedi meddwl am y corff? Mae pob rhan yn cydweithio.

● Mae Paul, un o ffrindiau Iesu Grist, yn dweud bod gan bob un ohonom un corff gyda rhannau gwahanol:
Mae'r corff yn uned er bod iddo lawer o rannau gwahanol, ac mae'r holl rannau gwahanol gyda'i gilydd yn gwneud un corff ... Petai pob rhan o'r corff yr un fath â'i gilydd, fyddai'r corff ddim yn bod! Mae angen llawer o wahanol rannau i wneud un corff.

1 Corinthiaid 12:12, 19-20 beibl.net

● Gellir trafod, yn fyr, gwahanol rannau o'r corff, e.e. y llygad yn gweld, y glust yn clywed, y tafod yn blasu.

Emyn: Estyn dy law, fy ffrind: Mwy o Glap a Chân 46

Munud i feddwl:
Ni all unigolyn ennill y gêm ar ei ben ei hun. Pele

Myfyrdod/Gweddi:
Mae'n bwysig ein bod yn dysgu cydweithio a rhannu'r baich. Dysgu gwneud ein rhan a'i wneud y gorau medrwn. Amen.

Y Ffoaduriaid

Cysyniadau: **Meddwl am eraill, dangos parch.**

Amcan: **Dod i ddeall pam mae pobl yn cael eu gorfodi i adael eu cartrefi.**

Cyfarpar: **Cynllunio set deledu syml. Dau fwrdd a chadeiriau ac enw'r rhaglen yn y cefndir. Cerddoriaeth agoriadol.**

Cyflwyniad:
● Holi'r plant oes rhai ohonyn nhw wedi symud tŷ yn ddiweddar. Oedden nhw'n teimlo'n hapus? Beth maen nhw'n golli o'u hen gartref? Ydyn nhw wedi colli ffrindiau?

● Bydd angen paratoi'r plant ar gyfer y ddwy olygfa. Yn y stiwdio deledu mae dau deulu yn paratoi i ddarlledu rhaglen o'r enw 'Symud ymlaen'. Teulu Mrs Taylor Jones a'i mab Jack, a theulu Mrs Roma a'i merch Mareia.

● Chwarae'r miwsig agoriadol.

Y Cyflwynydd:
Croeso i chi i raglen newydd sbon – Symud Ymlaen. Rhaglen ydi hon am dai. Sut i fynd ati i brynu tŷ newydd a gwneud hynny mewn cyn lleied o amser â phosib. Mi wnawn ni ddechrau heddiw efo Mrs Taylor Jones a'i mab Jack. Maen nhw'n symud o Stryd y Berllan i dŷ newydd yn Rhodfa'r Coleg. Mrs Taylor Jones, pam oeddech chi eisio symud tŷ?

Mrs Taylor Jones:
Wel, a dweud y gwir, mi oeddwn i'n chwilio am dŷ mwy er mwyn i Jack fy mab a Ruth fy merch gael ystafell iddyn nhw eu hunain. Ac mae 'na

ystafell haul (huanell) yno ac mae'r gŵr eisio garej ddwbl i'r 4x4. Ac wedyn mi ydw innau isio cegin ...

Y Cyflwynydd: (yn torri ar draws) Ond ...

Mrs Taylor Jones: (yn mynd yn ei blaen)
... ac mae'n rhaid i mi gael oergell a rhewgell yn un a digonedd o le. Pan oedden ni yn Stryd y Berllan ychydig iawn o le oedd yn y gegin. Mi fydd yn chwith gynnon ni adael ond mae hyn er gwell i bawb.

Y Cyflwynydd:
Diolch Mrs Taylor Jones, a beth am Jack? Ydych chi'n edrych ymlaen i symud tŷ?

Jack:
Trist iawn a dweud y gwir. Mi fydda i'n colli fy ffrindiau a dwi'n malio dim am y gegin newydd ...

Mrs Taylor Jones: (yn torri ar ei draws)
Jack, dyna ddigon. Mi wyt ti'n ddigon parod i fwyta'r bwyd.

Cyflwynydd:
Wel, mae Mrs Taylor Jones yn edrych ymlaen i symud i'w thŷ newydd ond dydi Jack ddim mor sicr.

Ond does gan rai teuluoedd ddim dewis o gwbl. Dyma droi yn awr at hanes Mrs Roma a'i merch Mareia. Maen nhw wedi cael eu gorfodi i symud o Syria yn ystod y rhyfeloedd yno. Dwy flynedd yn ôl ymosododd milwyr ar gartref Mrs Roma. Saethwyd ei gŵr yn farw a dau o feibion. Llwyddodd Mrs Roma a'i merch Mareia i ddianc a bu'r ddwy yn ddigon ffodus i ddod mewn cwch drosodd i Ewrop ac i Calais. Mi aeth ein gohebydd ni draw i Calais i gael sgwrs efo Mrs Roma a'i merch Mareia. Mi ddechreuodd trwy ofyn i Mrs Roma sut daith oedd hi yn y cwch drosodd i Ewrop.

Mrs Roma:
Ofnadwy. Roedd dros gant o bobl a phlant yn y cwch ac mi oedd hi'n stormus iawn ar brydiau. Maen nhw'n dweud bod dau o blant wedi boddi ond mi wnaeth Mareia a minnau gyrraedd y tir yn ddiogel. Ac wedyn rydyn ni wedi bod yn byw efo ffoaduriaid eraill yn Calais.

Gohebydd:
Fedrwch chi ddweud wrthym ni beth oeddech chi'n wneud o ddydd i ddydd?

Mrs Roma:
Chwilio am fwyd oedd y peth pwysicaf. Roedden ni'n gorfod ciwio am oriau a dim ond ychydig bach o ffrwythau, bara a dŵr oedden ni'n gael ar y dechrau. Roedd hi'n anodd iawn cysgu yno gan fod pawb yn crwydro o gwmpas. Sŵn mawr bob nos. Dim ond awr neu ddwy o gwsg oedden ni'n gael.

Gohebydd:
Mareia, oeddech chi'n medru cysgu?

Mareia:
Dim llawer. Roedd plant yn crwydro ar hyd y lle drwy'r nos. Ac mi oedd y wardeiniaid yn gas efo ni. Ac mi oedd y lle yn fwd i gyd, ac yn oer, yn enwedig pan oedd hi'n bwrw glaw.

Mrs Roma: (yn torri ar draws)
Mi fuasai Mareia a minnau wrth ein bodd cael tŷ bychan, bach, dim ond un ystafell efo to uwch ein pennau. Ond dyna fo – yma y byddwn mae'n debyg.

Gohebydd:
Ac yn ôl â ni i'r stiwdio.

Trafodaeth bellach:

● Trafodwch y prif wahaniaethau rhwng y ddau deulu.

● Efo pa deulu fuasech chi'n hoffi bod? Pam?

Emyn: Pan fo angen cymydog: Canu Clod 330

Dyfyniad o'r Beibl:

"Felly" meddai Iesu, "yn dy farn di, pa un o'r tri fu'n gymydog i'r dyn wnaeth y lladron ymosod arno?"

Dyma'r arbenigwr yn y Gyfraith yn ateb, "Yr un wnaeth ei helpu."

Luc 10:36-37 beibl.net

Munud i feddwl:

Cymydog da ydi'r hwn sy'n dod i mewn pan fo pawb arall yn mynd allan.

Myfyrdod/Gweddi:

O Dduw, wnei di ein helpu ni i fod yn gymdogion da i bawb, yn arbennig y rhai sydd heb ddim, fel y ffoaduriaid? Gwna ni yn gymdogion da. Amen.

Y Gwanwyn – Croesawu'r Adar Mudol

Cysyniadau: Sylwi, rhyfeddu.

Amcan: Arwain y plant i werthfawrogi a rhyfeddu at fyd Duw.

Cyfarpar: Lluniau o'r gwanwyn.
Llun y gog a'r wennol.

Cyflwyniad:
● Holi'r plant beth mae'r darlun yn ei gyfleu. Gellir dangos lluniau o goed yn blaguro, neu adar yn nythu.

● Gyda hyn bydd yr adar mudol yn cyrraedd. Rhain ydi'r adar sydd wedi treulio'r gaeaf mewn gwledydd cynhesach. Roedden nhw efo ni dros y gwanwyn a'r haf llynedd ond ar ddechrau tymor yr hydref fe aethon nhw'n ôl i wledydd cynhesach. Pam, tybed? (Y rheswm ydi fod y tywydd yn oeri a'r bwyd yn prinhau. Adar yn dibynnu ar bryfed ydi'r adar mudol.) Gellir dangos llun o'r wennol a'r gog ar y bwrdd gwyn. Erstalwm roedd pobl yn credu bod yr adar mudol yn gaeafgysgu mewn llynnoedd ac afonydd.

Trafodaeth bellach:
● Sut ydyn ni'n gwybod bod yr adar mudol yn mynd o un wlad ac o un cyfandir i'r llall? (Trwy fodrwyo'r adar, ond bellach mae modd eu dilyn gyda geoleolwr (geolocater) sef teclyn bychan, electronig sy'n cael ei roi ar wegil yr aderyn a gellir dilyn trywydd yr aderyn i ba le bynnag y mae'n mynd yn y byd trwy gyfrwng lloeren.) I fyny i ryw bum mlynedd yn ôl doedd neb yn gwybod yn union i ble'r oedd y gog yn mynd yn ystod y gaeaf. Erbyn hyn, gwyddom fod y gog yn treulio'r gaeaf yn fforestydd y Congo, yn Affrica.

● Sut mae'r adar yn gwybod pa ffordd i fynd? Does ganddyn nhw ddim map na sat-nav. Yn ystod y dydd mae'r adar yn dilyn llwybr yr haul ac yn ystod y nos yn dilyn patrwm y sêr. Pan fydd hi'n niwlog bydd llawer o'r adar yn mynd ar goll. Maen nhw hefyd yn dilyn patrymau arbennig yn nhirwedd y ddaear, e.e. dilyn dyffrynnoedd ac afonydd. Yn ogystal â hyn mae gwyddonwyr wedi darganfod bod adar yn gallu arogli arogl y ddaear ac yn dilyn y trywydd hwn.

● Oes yna greaduriaid eraill sy'n ymfudo? Oes, mae glöynnod byw, mamaliaid a physgod yn ymfudo.

Myfyrdod:
● Arwain y plant i barchu a rhyfeddu at y byd o'u cwmpas. Rhyfeddu at y daith o 6,000 milltir o Affrica i Gymru. Mae'r wennol yn dychwelyd i'r union ardal a'r union adeilad lle bu'n nythu llynedd.

● Annog y plant i ryfeddu at reddf y gog i ddodwy mewn nythod adar eraill. Mae'n rhaid cofio bod y gog yn dodwy wyau yn nythod yr un rhywogaeth o flwyddyn i flwyddyn. Fydd yr iâr ddim yn penderfynu dodwy mewn nyth aderyn cwbl wahanol (o rywogaeth wahanol). Mae iâr yn cymryd oddeutu 11 eiliad i ddodwy wy ac i ddwyn wy o'r nyth yn ei phig.

● Mae'r cyw gog ar ôl iddo ddeor yn taflu'r wyau eraill o'r nyth ac yn y diwedd dim ond y cyw gog fydd yn llenwi'r nyth. Bydd y rhieni maeth yn bwydo'r cyw nes y bydd yn barod i hedfan. Erbyn hynny, bydd yr iâr gog ar ei ffordd i Affrica. Tua diwedd Awst y bydd y cyw gog yn cychwyn ar ei daith ar ei ben ei hun. Cofiwch does ganddo ddim map na sat-nav!

Emyn: Y mae Duw yn neffro'r gwanwyn: Caneuon Ffydd 136

Dyfyniad o'r Beibl:

Mae'r Beibl yn dweud bod yr adar yn gwybod pa bryd i fudo:
Mae'r crëyr yn gwybod pryd i fudo,
a'r durtur, y wennol a'r garan.   Jeremeia 8:7 beibl.net

Munud i feddwl:

Mae tymor y gwanwyn yn codi calon a rhoi bywyd newydd i ni.

Amser y Gwcw:

Fy amser i ganu yw Ebrill a Mai
A hanner Mehefin chwi wyddoch bob rhai.

Myfyrdod/Gweddi:

Diolch i ti, O Dduw, am dymor y gwanwyn. Tymor pan mae popeth ar ei orau. Tymor y tyfu. Diolch bod yr adar mudol wedi dod yn ôl a bod yr adar i gyd wrthi'n brysur yn nythu. Diolch. Amen.

Y Pasg

Cysyniadau:	**Bywyd newydd.**
Amcan:	**Dangos arwyddocâd a neges y Pasg.**
Cyfarpar:	**Wyau Pasg, wy iâr a llyfr nodiadau efo tudalennau gwag.**

Cyflwyniad:

● Dangos amrywiaeth o wyau Pasg lliwgar. Holi'r plant pa rai fydden nhw'n hoffi'i gael. Pam? Am eu bod yn rhai mawr, neu bod siocledi ynddyn nhw neu am fod y bocs yn lliwgar.

● Dangos dau beth arall iddyn nhw – llyfr nodiadau gwag heb linellau o gwbl ac wy iâr. Mae'n bwysig chwythu'r wy cyn dod i'r addoliad. Gellir gwneud hyn trwy wneud un twll bychan ymhob pen. Chwythu drwy'r twll ar y pen a bydd y gwynwy a'r melynwy yn dod allan yn y pen arall.

● Holi'r plant beth sy'n gyffredin rhwng y llyfr nodiadau a'r wy. Dydi'r plant ddim yn gwybod bod yr wy yn wag. Ar ôl ychydig o ymdrechion gan y plant daliwch yr wy rhwng y bys a'r bawd a gadewch iddo syrthio ar lawr. Daw yr ateb yn gliriach; mae'r llyfr nodiadau yn wag – dim gair ynddo – ac mae'r wy yn wag.

Stori:

Dowch i wrando ar un o hanesion y Pasg. Roedd Mair, un o ffrindiau Iesu, yn awyddus iawn i fynd i eneinio corff Iesu â pherlysiau. Doedd ganddi ddim hawl i wneud hynny ar y nos Wener – y noson y bu Iesu farw ar y groes. Doedd ganddi ddim hawl i wneud hynny ar y Sadwrn chwaith gan ei bod hi'n Saboth. Diwrnod arbennig oedd y Saboth i bobl yng ngwlad Iesu, i orffwyso ac addoli Duw.

Felly aeth Mair at y bedd yn gynnar iawn fore Sul, cyn i'r haul godi. Pan gyrhaeddodd yr ardd, lle roedd bedd Iesu, gwelodd fod y maen mawr oedd ar draws agoriad y bedd wedi'i rolio i ffwrdd. Roedd y bedd yn wag. Yn ei dychryn, rhedodd Mair i chwilio am ffrindiau eraill Iesu, Pedr ac Ioan.

'Mae rhywun wedi dwyn corff Iesu!' wylodd. 'Does gen i ddim syniad o gwbl lle mae ei gorff.'

Rhag ofn bod rhyw gamgymeriad wedi digwydd, rhedodd Pedr ac Ioan at y bedd. Gwelsant y llieiniau yno, wedi'u plygu, ond doedd dim golwg o Iesu. Roedd y bedd yn wag.

Rhedodd y ddau adref, gan adael Mair ar ei phen ei hun yn yr ardd. Roedd hi'n dal i wylo pan aeth yn ôl i edrych yn y bedd unwaith eto. Edrychodd i mewn yn betrusgar a gweld dau angel yn eistedd yn yr union fan lle dylai corff Iesu fod.

'Pam wyt ti'n wylo?' gofynnodd un o'r angylion.

'Mae rhywun wedi dwyn fy meistr,' ochneidiodd Mair. 'Does gen i ddim syniad yn y byd lle mae ei gorff.'

Clywodd sŵn y tu ôl iddi a throdd i edrych. Tybiai mai'r garddwr oedd yn sefyll yno.

'Am bwy wyt ti'n chwilio?' gofynnodd y dyn.

'Os gweli'n dda, dyweda wrtha i lle maen nhw wedi rhoi corff Iesu.'

Atebodd y dyn gydag un gair yn unig,

'Mair,' meddai.

Gwyddai Mair ar ei hunion pwy oedd y dyn – Iesu.

Rhedodd nerth ei thraed i ddweud wrth ei ffrindiau ei bod wedi gweld Iesu.

Trafodaeth bellach:

- Pam ydych chi'n meddwl ein bod yn bwyta wyau siocled adeg y Pasg?

- Mae wy yn symbol o fywyd newydd. Bydd cyw bach yn deor o'r wy fydd yr iâr wedi'i ddodwy.

- Beth mae'r bedd gwag yn ei ddweud wrthym ni?

Emyn: Diolch, Iesu: Canu Clod 119

Munud i feddwl:
Mae'r Pasg yn ddechrau newydd. Mae'n golygu bywyd newydd ar y ddaear. N. T. Wright

Dyfyniad o'r Beibl:
"Pam dych chi'n edrych mewn bedd am rywun sy'n fyw? Dydy Iesu ddim yma; mae yn ôl yn fyw!" Luc 24:5-6 beibl.net

Myfyrdod/Gweddi:
Diolch am fywyd Iesu Grist. Mae o wedi'n dysgu ni sut i fyw bywyd fydd yn helpu pobl eraill. Pan fyddwn ni'n helpu pobl eraill ac yn gwneud ein gorau byddwn yn dangos sut un ydi Iesu Grist. Diolch. Amen.

Ydi o'n deg?

Cysyniadau:	**Cyfaddawdu, dod i benderfyniad, cyfiawnder, gwrthdrawiad, goddefgarwch, meddwl am eraill.**
Amcan:	**Trafod y cysyniad o gyfaddawd fel dull o setlo problem a datblygu'r cysyniad o degwch.**
Cyfarpar:	**Dim.**

Cyflwyniad:
- Ydi o'n deg? ydi thema'r gwasanaeth heddiw.
Dyma i chi dri digwyddiad:

- Mae Gwen a'i brawd Elgan wedi bod wrthi drwy'r bore yn adeiladu castell anferth o ddarnau lego. Maen nhw'n falch iawn o'u hymdrech ac mae'r ddau wedi bod wrthi'n ddiwyd, heb ffraeo o gwbl. Ond pwy sy'n dod heibio ond Esyllt eu chwaer fach. Mae hi newydd godi ar ôl bod yn cysgu am ddwy awr go dda. Mae hi'n cropian yn syth at y castell ac yn dymchwel y cwbl. Mae Gwen ac Elgan yn gwthio Esyllt i ffwrdd ac mae hithau'n sgrechian dros y lle. Mae Mam yn rhuthro o'r gegin, codi Esyllt sy'n dal i weiddi a sgrechian, ond chafodd hi ddim ffrae o gwbl.
- Ydi hyn yn deg? Beth fyddech chi wedi'i wneud?

- Mae'r plant sy'n bwyta brechdanau yn bwyta gyda'i gilydd ym mhen draw y ffreutur. Pan mae Anti Ceinwen, sy'n helpu dros awr ginio, yn dod heibio mae hi'n dechrau ffraeo Siôn, yr unig fachgen sydd heb orffen ei ginio. Mae Anti Ceinwen yn gorfodi Siôn i gasglu'r sbwriel sydd o dan y bwrdd. Mae Mr Williams, yr athro sydd ar ddyletswydd, yntau yn gorfodi Siôn i glirio'r crystiau a'r bagiau creision.
- Ydi hyn yn deg? Beth yw eich barn chi?

● Dwy chwaer ydi Lowri a Sioned, sydd bob amser yn cweryla. Roedd gan Lowri dri afal coch a Sioned bump eirinen. A dyma ddechrau dadlau. Mae Sioned eisiau rhoi un eirinen i Lowri a hithau roi un afal iddi hi. Ond mae Lowri yn dweud y dylai hi gael dwy eirinen gan fod yr afal yn fwy o lawer nag ydi'r eirinen. Mae Dad wedi cael llond bol ar y cecru a'r cweryla ac mae'n cymryd y ffrwythau i gyd oddi wrthyn nhw gan adael y ddwy heb ddim.

● Ydi hyn yn deg? Tybed oedd yna ffordd well i ddatrys y broblem?

Stori:

'Mi ydw i wedi gwneud y brechdanau caws a thomato'n barod, a'r creision, ac mae iogwrt a mefus, hefyd, yn dy focs bwyd. Mae'n rhaid i mi fynd rŵan. Ta ta!' a ffwrdd â mam Robin rhag ofn iddi fod yn hwyr yn cyrraedd ei gwaith.

Ond roedd Robin yn casáu brechdanau caws a thomato a'r creision caws a nionyn ac yn sicr roedd iogwrt yn troi arno. Roedd wedi dweud fwy nag unwaith wrth ei fam ond doedd hi ddim yn gwrando arno. Pan ddaeth ei dad i lawr o'r stafell ymolchi dyna lle roedd Robin yn cwyno a'r ateb gafodd gan ei dad oedd, 'Yli ngwas i, paid ti â chwyno. Mae dy fam yn gweithio'n galed yn paratoi cinio ar dy gyfer. Paid ti â bod mor anniolchgar a ffwrdd â ti i'r ysgol.'

Amser cinio dyna lle byddai'n eistedd wrth y bwrdd yn agor a chau ei focs bwyd tra oedd ei ffrindiau yn llowcio'r brechdanau fel gwylanod ar lan y môr. Doedd 'run o'i ffrindiau yn cymryd rhyw lawer o sylw o Robin a phan fyddai'r awr ginio drosodd byddai bocs bwyd Robin yn dal yn llawn.

Ar ei ffordd adref byddai'n taflu cynnwys ei focs bwyd i'r bin oedd ar ben draw'r stryd. Dyna oedd o'n wneud bob dydd. Un diwrnod daeth hen wreigan oedd yn byw yn y tŷ pen ato a gofyn iddo beth oedd yn ei wneud, 'Dim,' oedd ateb swta Robin.

'Dim, wir,' meddai'r hen wreigan. 'Mi ydw i wedi bod yn dy wylio'n rhoi rhywbeth yn y bin yna bob dydd.'

Dechreuodd Robin gochi at ei glustiau.

'Mi ydw i'n gwybod lle rwyt ti'n byw ac mi ydw i'n mynd i ddweud wrth dy rieni.' A dyna ddigwyddodd. Bu cryn drafodaeth

rhwng Robin a'i rieni a phenderfynodd ei fam ei bod am wrando mwy ar Robin a gwneud brechdanau ham a sôs coch iddo, creision halen a finegr, ac afal yn lle iogwrt.

Trafodaeth bellach:

● Tybed oedd mam Robin yn iawn yn paratoi brechdanau nad oedd yn eu hoffi?

● Oedd Robin yn gwneud y peth iawn yn taflu'r brechdanau i'r bin cyhoeddus?

● Beth am ymddygiad y wraig oedd yn byw yn y tŷ pen? Wnaeth hi'r peth iawn?

Dyfyniad o'r Beibl:

"Clywsoch fel y dywedwyd, 'Câr dy gymydog, a chasâ dy elyn.' Ond rwyf fi'n dweud wrthych: carwch eich gelynion." Mathew 5:43-44 BCND

Munud i feddwl:

Os ydych eisiau rhoi terfyn ar ffrwgwd a ffrae mae'n rhaid i chi ddysgu cyfaddawdu.

Emyn: Sori, Dduw: Canu Clod 377

Myfyrdod/Gweddi:

O Dduw, os ydyn ni wedi gwneud camgymeriad helpa ni i ddweud 'sori'. Helpa ni i ddweud 'sori' ar ein hunion. Ac os ydi rhywun wedi dweud neu wneud rhywbeth cas gawn ni faddau iddyn nhw. Amen.

Ymlacio

Cysyniadau:	**Dysgu ymlacio, tawelu, gwrando.**
Amcan:	**Dangos bod ymlacio a thawelu yn rhinweddau.**
Cyfarpar:	**Darn o gerddoriaeth fydd yn arwain y plant i ymlacio. Llun o'r wlad yn yr haf.**

Cyflwyniad:

● Sut oeddech chi'n teimlo wrth wrando ar y darn o gerddoriaeth? Gofyn iddyn nhw gau eu llygaid a gwneud eu hunain yn esmwyth.

● Ailchwarae'r darn o gerddoriaeth. Sut oedden nhw'n teimlo y tro hwn? Gellir dangos llun o'r wlad yn yr haf – pob man yn edrych yn braf a'r haul yn tywynnu.

● Ydi'r gerddoriaeth a'r llun yn gwneud iddyn nhw ymlacio?

Trafodaeth bellach:

● Sut deimlad yw medru ymlacio? Sut fyddwch chi'n ymlacio? Beth sy'n digwydd i'r corff?

● Beth sy'n mynd drwy'ch meddyliau? Beth sy'n eich helpu i ymlacio? Oes 'na adegau o'r dydd pan fyddwch chi'n teimlo'n fwy esmwyth na'i gilydd?

● Oes 'na rai pethau sy'n eich helpu i ymlacio? Gwylio eich hoff raglen ar y teledu? Amser gwely?

● Sut medrwn ni wneud yr ysgol yn lle y gallwn ymlacio? Gwrando ar ein gilydd. Peidio ffraeo. Bod yn ufudd. Helpu plant sy'n ofnus.

Stori:

Ar ôl i Iesu farw ar y groes roedd ei ddisgyblion ar goll. Roedden nhw wedi colli eu ffrind gorau. Doedd 'na neb i wrando arnyn nhw. Neb i roi cyngor iddyn nhw. Neb i drafod efo nhw.

Roedd arnyn nhw ofn, hefyd. Beth petai'r milwyr oedd wedi croeshoelio Iesu yn dod i'w lladd nhw am eu bod nhw'n ddisgyblion iddo? Felly, dyma nhw'n cloi eu hunain mewn ystafell. Doedd neb yn cael mynd i mewn i'r ystafell, dim ond y disgyblion, ffrindiau Iesu.

Un diwrnod ymddangosodd Iesu yn yr ystafell. Doedden nhw ddim yn credu mai Iesu oedd o. Doedden nhw ddim yn gwybod beth i'w ddweud wrtho. Roedden nhw wedi dychryn. Wedi syfrdanu.

Dyma Iesu'n dweud wrthyn nhw, 'Peidiwch â bod ofn. Rydych yn gwybod fy mod i yn eich caru chi, bob un ohonoch. Mi ydw i eisiau i chwi ymlacio a dechrau byw o'r newydd unwaith eto. Mi ydw i eisiau i chwi deimlo'n dawel eich meddwl. Yn ddigynnwrf.

Rhoddodd Iesu rodd arbennig iawn i'r disgyblion. Rhoddodd rodd o dawelwch meddwl iddyn nhw. Meddai Iesu wrthyn nhw, 'Dydw i ddim eisiau i chwi fyw mewn ofn, yn bryderus ac yn ddryslyd eich meddwl. Mi ydw i'n dal i'ch caru ac mi ydw i eisiau i chwi fy ngharu i.'

Trafodaeth bellach:

● Pam oedd ar ddisgyblion Iesu ofn?

● Oedden nhw'n gwneud peth call yn cloi eu hunain mewn ystafell?

● Ydych chi'n meddwl bod Iesu wedi eu helpu i ymlacio?

Emyn: Hei! Distewch!: Canu Clod 212

Dyfyniad o'r Beibl:

Y noson honno, sef nos Sul, roedd y disgyblion gyda'i gilydd ... Dyma Iesu'n dod i mewn a sefyll yn y canol. "Shalôm!" meddai wrthyn nhw.

Ioan 20:19 beibl.net

Munud i feddwl:

Anadlwch yn ddwfn, dysgwch ymlacio a mwynhau bywyd.

Myfyrdod/Gweddi:

Weithiau byddwn yn gorfod wynebu pethau fydd yn ein dychryn ac yn codi ofn arnom ni.

Mae'n beth da rhannu ein hofnau efo rhywun arall. Efo'n rhieni, efo'n hathrawon yn yr ysgol ac efo'n ffrindiau.

Tymor yr Haf

Asteroid yn taro'r ddaear

Cysyniadau:	**Dod i benderfyniad, cyfiawnder, gwrthdrawiad, meddwl am eraill.**
Amcan:	**Dangos pa mor anodd ydi dod i benderfyniad.**
Cyfarpar:	**Darlun o blaned arall neu blaned ddychmygol.**

Cyflwyniad:
• Yn ôl gwyddonwyr, 65 o filiynau o flynyddoedd yn ôl daeth asteroid o'r gofod a tharo'r Ddaear. Dyma oedd y digwyddiad a fu'n gyfrifol am ddiflaniad y dinosoriaid.

• Dowch i ni ddychmygu bod gwyddonwyr wedi medru tracio asteroid arall sydd ar ei ffordd i daro'r Ddaear unwaith eto. Mae roced wedi'i hadeiladu i symud pobl o'r Ddaear i blaned arall sydd newydd gael ei darganfod. Ond fydd yna ddim amser i adeiladu roced arall. Dim ond 100 o bobl fedr fynd ar y roced i'r blaned arall.

Trafodaeth bellach:
• Pwy gaiff eu dewis i fynd ar y roced? Pam?

• Beth am i'r 100 fod yn blant neu yn henoed?

• Beth am i'r 100 fod yn wyddonwyr?

• Beth am i'r 'cyntaf i'r felin' gael mynediad?

- Beth am i chi fel unigolyn gael mynd?

- Gellir cael trafodaeth fer. Sut y dylid penderfynu pwy gaiff fynd? A ddylid penderfynu ar sail faint o arian sydd ganddynt, pa mor brydferth maen nhw'n edrych, pa mor ddeallus ydyn nhw. Pwy, yn y pen draw, sydd i benderfynu?

- Mae hyn yn ei dro yn ein rhoi mewn cyfyng-gyngor. Mewn dryswch. Cloffi rhwng dau feddwl. Dilema.

- Mae hyn yn dod i'n rhan bob dydd. Holwch y plant pa mor anodd ydi dod i benderfyniad? Faint o weithiau maen nhw'n cloffi rhwng dau feddwl?

- Dyma rai pethau i'w trafod:

- Pa wisg i'w gwisgo i fynd i'r parti?

- A ddylid gwneud gwaith cartref ar ôl dod adref o'r ysgol neu cyn mynd i'r gwely neu hyd yn oed cyn bwyta brecwast y diwrnod dilynol?

- Beth am wylio ffilm cyn mynd i gysgu? Fydd y ffilm yn codi ofn?

- Helpu Mam a Dad i olchi llestri neu eistedd i wylio'r teledu?

Stori:

Ysgol fechan, wledig oedd ysgol Nant y Rhiw. Dim ond dau ddeg wyth o blant oedd yn yr ysgol, dwy athrawes, un weinyddes feithrin a'r gogyddes yn coginio cinio i'r plant a glanhau'r ysgol ar ôl i'r plant fynd adref. Ond roedd pawb yn gweithio'n galed.

Rhyw ddiwrnod daeth dau ddyn pwysig i'r ysgol. Roedden nhw mewn siwtiau drudfawr a llyfr sgwennu yn llaw pob un. Doedd ganddyn nhw fawr o ddim i'w ddweud wrth y plant – dim ond siarad efo'r athrawon oedden nhw. Mi fuon nhw yn yr ysgol am ran helaeth o'r bore. Ond erbyn amser cinio roedd y ddau wedi diflannu.

Ddiwedd y pnawn dyma'r pennaeth yn cyhoeddi bod un o blant Blwyddyn 6 yn cael mynd i weld arddangosfa o lyfrau Roald Dahl yn Llyfrgell Genedlaethol Cymru yn Aberystwyth. Ond pwy oedd yn cael mynd? Roedd Blwyddyn 6, y saith ohonyn nhw, yn edrych ymlaen i gael mynd, ond dim ond un oedd yn mynd i gael ei ddewis.

Bu cryn ddyfalu. Sut oedd yr athrawon a llywodraethwyr yr ysgol yn mynd i ddewis un o'r saith disgybl? Ai'r plentyn hynaf? Ond yn anffodus roedd dau yn cael eu pen-blwydd yr un diwrnod. Ai'r plentyn oedd wedi gweithio'n galed drwy'r flwyddyn neu'r plentyn oedd wedi bod yn bresennol gydol y flwyddyn? 'Does yna ddim ond un ffordd i weithredu,' meddai Cadeirydd y Llywodraethwyr, 'mae'n rhaid rhoi eu henwau i gyd mewn het ac i'r plentyn ieuengaf yn yr ysgol dynnu un enw allan.'

A dyna ddigwyddodd. Mererid gafodd fynd i weld yr arddangosfa ond mi gafodd y chwech arall fynd efo hi am y diwrnod i dref Aberystwyth.

Trafodaeth bellach:

● Oedd o'n deg rhoi enwau plant Blwyddyn 6 i gyd mewn het?

● Sut byddech chi wedi datrys y broblem?

Dywedodd Iesu Grist:

Y flaenoriaeth i chi ydy gadael i Dduw deyrnasu yn eich bywydau a gwneud beth sy'n iawn yn ei olwg ... Mathew 6:33 beibl.net

Munud i feddwl:

Mae'r gwaith o ddewis yn anodd. Gan bwy mae'r hawl i ddewis?

Emyn: Wrth ddilyn Iesu Grist: Clap a Chân i Dduw 52

Myfyrdod/Gweddi:

O Dduw, ar rai adegau pan fydda i'n ei chael hi'n anodd dod i benderfyniad, wnei di fy helpu, os gweli'n dda, i wneud y penderfyniad cywir. Diolch. Amen.

Chwythu balwnau –
Y Pentecost (Y Sulgwyn)

Cysyniadau: Gwerthfawrogi, cefnogi a chalonogi.

Amcan: Pwysigrwydd calonogi a chefnogi.

Cyfarpar: Tair neu bedair balŵn.

Cyflwyniad:

● Cyfeirio at ddau neu dri o'r plant sydd wedi gwneud yn dda yn ystod yr wythnos, e.e. tystysgrif am nofio, sgorio gôl i'r tîm, wedi helpu rhywun. Canmol a dangos cymeradwyaeth gan yr ysgol gyfan.

● Dangos un balŵn (heb ei chwythu) – mor llipa mae'n edrych. Byddai tipyn o galondid yn help. Dechrau chwythu'r balŵn. Mae'r balŵn yn cymryd siâp wrth ei llenwi ag aer. Ninnau 'run fath, mae tipyn o gefnogaeth yn gymorth i ni fagu hyder. Mae dweud 'da iawn' yn bwysig.

● Annog y plant i feddwl am eiriau ac ymadroddion sy'n rhoi hyder i ni, e.e. 'da iawn', 'ardderchog', 'bendigedig', 'grêt', 'paid â phoeni', 'un cyfle eto', 'cynnig ardderchog', 'paid â bod ofn', 'cynnig arall arni', 'mi ddo i efo ti', 'mi wnawn ni efo'n gilydd'.

● Ar ôl chwythu'r balŵn gyntaf, mynd ati i chwythu'r ail falŵn. Nid ni'n unig sydd angen cefnogaeth ond eraill hefyd. Sut medrwn ni gefnogi eraill? 'Dal ati', 'paid â diffygio', 'tro arall arni', 'mi wna i dy helpu di'.

● Atgoffa'r plant y gall geiriau a dywediadau negyddol fod yn niweidiol iawn, e.e. 'Dwyt ti'n da i ddim', 'Mi wyt ti'n stiwpid', 'Paid â bod mor wirion'.

- Gollwng ychydig o'r aer o'r balŵn a dweud bod angen i ni gefnogi a chalonogi ein gilydd. Dangos sut mae'r balŵn yn edrych pan fo'r aer wedi mynd ohoni.

Trafodaeth bellach:

- Egluro arwyddocâd y Pentecost neu'r Sulgwyn. Pentecost yn golygu 50 diwrnod ar ôl Gŵyl y Pasg. Roedd Iesu wedi addo y byddai ei ddisgyblion yn derbyn yr Ysbryd Glân sef yr un fyddai'n eu helpu a'u calonogi. A dyna ddigwyddodd. Daeth y disgyblion at ei gilydd ac fel hyn mae Luc yn dweud yr hanes:

Roedd Jerwsalem, y brifddinas, yn orlawn o bobl o bob rhan o'r byd. Roedden nhw yno ar gyfer gŵyl y Pentecost.

Roedd ffrindiau Iesu yn eistedd gyda'i gilydd mewn un ystafell pan, yn sydyn, daeth sŵn fel gwynt nerthol gan chwythu drwy'r ystafell a'i llenwi. Ymddangosodd fflamau o dân fel petaen nhw'n llosgi yn yr awyr, gan gyffwrdd â phob un oedd yno. Wrth i'r Ysbryd Glân gyffwrdd y bobl, dechreuodd pawb siarad mewn ieithoedd gwahanol.

Tyrrai pobl o bob cwr i weld beth oedd yn digwydd yn y tŷ.

'Beth sy'n digwydd?' gofynnodd un ohonyn nhw. 'Rydw i'n deall yn iawn beth mae'r bobl yma'n ei ddweud. Maen nhw'n siarad fy iaith i am Dduw. Sut mae hynny'n bosibl?'

'Wedi meddwi maen nhw!' crechwenai eraill.

'Na, dydyn ni ddim,' meddai Pedr, gan gamu ymlaen i siarad â'r bobl. 'Dim ond naw o'r gloch y bore ydi hi!' Safodd Pedr ar ei draed i egluro beth oedd yn digwydd.

Yn gyntaf, atgoffodd Pedr nhw o'r hyn roedd y proffwydi wedi'i ddweud am Iesu, amser maith yn ôl. Soniodd am Iesu, mab Duw, yr un oedd wedi'i ddewis gan Dduw, y Meseia. Pan soniodd Pedr sut cafodd Iesu ei ddal, ei guro ac yna'i ladd, roedd y bobl yn teimlo'n drist iawn.

'Beth fedrwn ni wneud?' gofynnodd rhai ohonyn nhw.

'Mae'n rhaid i chi roi'r gorau i'ch arferion drwg a chael eich bedyddio,' meddai Pedr. 'Os gwnewch chi hyn, bydd Duw yn maddau

i chi ac fe fyddwch yn derbyn yr Ysbryd Glân fel y gwnaethon ni.'
Y diwrnod hwnnw, daeth tair mil o bobl yn ddilynwyr newydd
i Iesu. Bu'r apostolion wrthi'n brysur yn gwella pobl yn enw Iesu ac
yn cyfarfod â ffrindiau eraill Iesu i addoli Duw, i weddïo ac i rannu'r
hyn oedd ganddyn nhw gyda'i gilydd. Beibl Lliw Stori Duw t. 278

Trafodaeth bellach:

● Mae ffrindiau Iesu yn derbyn nerth newydd. Mae'r Pentecost neu'r
Sulgwyn yn ein hatgoffa o gychwyniad yr eglwys neu'r cynulliad
newydd. Dyma ben-blwydd yr Eglwys Gristnogol.

● Mae ffrindiau Iesu yn cefnogi ei gilydd.
Maen nhw'n gweithio fel tîm:
(i)   Maen nhw'n cefnogi ei gilydd.
(ii)   Maen nhw'n mwynhau bod efo'i gilydd.
(iii)   Maen nhw'n rhannu popeth ymhlith ei gilydd.
(iv)   Maen nhw'n dal ati efo'i gilydd.
(v)   Maen nhw'n teimlo fel un teulu.
(vi)   Maen nhw'n gweddïo ac addoli efo'i gilydd.
(Mae'r nodweddion hyn i'w gweld yn Actau 2: 42–47.)

Emyn: Rhaid bod 'na fwy na hyn: Canu Clod 360

Dyfyniad o'r Beibl:
Gras ein Harglwydd Iesu Grist, a chariad Duw, a chymdeithas yr
Ysbryd Glân fyddo gyda chwi oll! 2 Corinthiaid 13:13 BCND

Munud i feddwl:
'Ni ddaw heddiw byth yn ôl. Cefnogwch rywun heddiw. Byddwch yn
ffrind da i bawb.' 'Peidiwch â chwilio am feiau, chwiliwch am y gorau
ym mhawb.'

Myfyrdod/Gweddi:
O Dad, wnei di'n helpu ni i gefnogi'r naill a'r llall a hynny er mwyn i ni
dyfu'n hyderus a darganfod ein hunain o'r newydd? Amen.

Difetha'r Picnic

Cysyniadau:	**Amynedd, derbyn eraill, parchu.**
Amcan:	**Dangos bod yna bwrpas i bopeth byw.**
Cyfarpar:	**Llun o'r wenynen feirch.**
	Llun o blant yn mwynhau picnic.

Cyflwyniad:

● Faint ohonoch chi fydd yn hoffi mynd am bicnic yn ystod yr haf? Trafod i ble bydden nhw'n mynd a'r gwahanol fathau o fwydydd fydden nhw'n hoffi.

● Pwy fydden nhw'n wahodd i ymuno efo nhw? Ffrindiau. Rhieni.

● Tybed oes yna rywun neu rywbeth arall yn awyddus i ymuno efo ni yn y picnic? Rhywun nad ydyn ni ddim yn hoffi ei weld? Y wenynen feirch neu'r bicwnen!

● Pam mae hon yn hoff o ymuno efo ni? Mae'r bwydydd a lliwiau'r bwydydd yn ei denu – yn enwedig bwydydd a diodydd melys. Byddwch yn ofalus pan fyddwch wedi agor can o lemonêd rhag ofn fod y wenynen feirch wedi mynd i mewn o dan y caead!

Trafodaeth bellach:

● Dowch i ni bleidleisio. Pwy sy'n barod i gael gwared â'r holl wenyn meirch yn y byd? Pwy sydd am bleidleisio o blaid neu yn erbyn? Cyfle i'r plant ddangos trwy roi eu dwylo i fyny. Holi'r plant sydd o blaid cadw'r gwenyn meirch. Oes yna bwrpas iddyn nhw?

● Mae'r gwenyn meirch yn chwarae rhan ecolegol bwysig. Fel y gwenyn mêl mae'r gwenyn meirch yn peillio'r blodau h.y. maen nhw'n cario'r paill o un blodyn i'r llall a hynny er mwyn creu hadau fydd yn creu mwy o flodau. Maen nhw'n cario protîn i fwydo'r larfa yn y nyth ac mae'r protîn hwn yn dod o greaduriaid eraill fel pryfed gwyrdd, morgrug a lindys ac anifeiliaid sydd wedi marw. Maen nhw hefyd yn benseiri o'r radd flaenaf. Maen nhw i'w gweld yn cnoi pren meddal fel pren ffens yn yr ardd a'i droi'n fwydion i greu nyth sy'n debyg i fwydion papur (papier mâche). Fe all y rhain fod cymaint â phêl-droed.

● Ond, meddech chi, mae'r wenynen yn pigo. Ac mae'r pigiad yn boenus iawn, coeliwch fi! A dyna sut maen nhw'n lladd eu hysglyfaeth a'i gario i'r nyth i fwydo'r larfau.

● Felly, mae'r wenynen feirch yn ffrind da i'r amgylchfyd. Hebddyn nhw byddai llawer mwy o greaduriaid niweidiol o gwmpas.

● Fedrwch chi feddwl am greaduriaid eraill sydd yn anghynnes ond eto sy'n helpu'r amgylchfyd? Y twrch daear (gwahadden) a'r llygoden dyrchol (mole rat), a'r hyn sy'n hynod am y llygod hyn yw nad ydyn nhw'n dioddef o ganser. Felly mae gwyddonwyr â diddordeb mawr ynddyn nhw.

● Dydi pethau ddim mor syml ag y maen nhw'n edrych. Efallai mai dyna'r rheswm pam roedd Iesu'n ein rhybuddio i beidio beirniadu pobl eraill. Efallai nad ydyn ni'n hoff iawn o hwn a hwn neu hon a hon ond mae rhinweddau da ym mhawb.

Meddai Iesu: "Peidiwch bod yn feirniadol o bobl eraill, ac wedyn wnaiff Duw mo'ch barnu chi... "Pam wyt ti'n poeni am y sbecyn o flawd llif sydd yn llygad rhywun arall, pan mae trawst o bren yn sticio allan o dy lygad dy hun!? Sut alli di ddweud, 'Gad i mi dynnu'r sbecyn yna allan o dy lygad di,' pan mae trawst yn sticio allan o dy lygad dy hun? Rwyt ti mor ddauwynebog! Tynna'r trawst allan o dy lygad dy hun yn gyntaf, ac wedyn byddi'n gweld yn ddigon clir i dynnu'r sbecyn allan o lygad y person arall." Mathew 7:1, 3-5 beibl.net

Emyn: Miwsig natur: Mwy o Glap a Chân 16

Munud i feddwl:
Un o'r pethau mwyaf prydferth yw gweld y gorau ym mhawb.

Myfyrdod/Gweddi:
Ti, O Dduw, sydd wedi creu'r byd a'r holl blanhigion a chreaduriaid sydd ynddo. Pan ydw i'n barod i weld bai ar bobl eraill mae hynny'n f'atgoffa o'r wenynen feirch. Amen.

Dweud y Gwir neu Gelwydd Golau

Cysyniadau:	**Gwrthdrawiad, gonestrwydd, meddwl am eraill.**
Amcan:	**Gwahaniaethu rhwng beth sy'n wir a dweud y gwir.**
Cyfarpar:	**Cap a sgarff, llyfr.**

Cyflwyniad:

● Ar y bwrdd mae cap hud a sgarff hud. Pwy bynnag fydd yn gwisgo'r cap bydd ef neu hi bob amser yn dweud y gwir a phwy bynnag fydd yn gwisgo'r sgarff bydd ef neu hi, bob amser, yn dweud celwydd.

● Rhoi llyfr ar y bwrdd. Gofyn i un plentyn wisgo'r cap fydd yn ei alluogi bob amser i ddweud y gwir a'r plentyn arall i wisgo'r sgarff fydd yn ei alluogi bob amser i ddweud celwydd. Gofyn i'r ddau beth sydd ar y bwrdd. Bydd y plentyn efo'r cap yn dweud bod llyfr ar y bwrdd ond bydd y llall, efo'r sgarff, yn dweud rhywbeth arall. Dyma rai atebion gefais wrth arwain gwasanaeth gyda phlant 9–11 oed: beic, esgid bêl-droed, pry cop a buwch!

● Cwestiwn:
Oedd y plentyn cyntaf yn dweud y gwir a'r llall yn dweud celwydd?

● Beth ydi 'dweud y gwir'?

● Beth ydi 'celwydd'?

● Ydi dweud y gwir 'run fath neu'n wahanol i 'ddweud beth sy'n wir'?

● Ydi dweud celwydd 'run fath neu'n wahanol i 'ddweud beth sydd ddim yn wir'?

Trafodaeth bellach:

● Mae eich nain wedi prynu bag ysgol i chi ar eich pen-blwydd. Ond dydych chi ddim yn rhy hoff ohono. Mae hi'n gofyn, 'Wel, beth wyt ti'n feddwl o'r bag? Wyt ti'n hoffi'r bag?' Os ydych chi'n gwisgo'r cap, beth fyddai'ch ateb?

● Mae eich ffrind gorau wedi dwyn ffôn un o blant y dosbarth. Mae'r athro neu'r athrawes yn gofyn pwy sydd wedi dwyn y ffôn. Er eich bod yn gwybod pwy yw'r lleidr, rydych yn penderfynu aros yn ddistaw a dweud dim:

● Os ydych chi'n aros yn ddistaw ydych chi wedi dweud celwydd? Beth mae'r cap yn ei ddweud?

● Ydi'r gwahaniaeth rhwng 'dweud y gwir' a 'dweud celwydd' yn anodd?

● Fedrwch chi ddweud 'celwydd ar ddamwain'?

● Ydi 'dweud y gwir' weithiau yn mynd i dorri calon rhywun arall?

● Oes yna ambell dro pan fo 'dweud celwydd weithiau'n fwy caredig na dweud y gwir'? Meddyliwch am rywun sy'n sâl iawn, iawn. Mae wedi colli ei wallt/ei gwallt oherwydd y driniaeth ac mae'n gofyn i chi, 'Sut ydw i'n edrych?' Beth fyddai eich ateb chi? Ydi 'dweud y gwir' yn mynd i wneud mwy o ddrwg a thorcalon yn y pen draw?

Stori:

Doedd gan Mared ddim llawer o awydd mynd i chwarae efo'i ffrindiau. Er eu bod wedi crefu arni i ddod i'r maes chwarae erbyn chwech o'r gloch gwrthod yn bendant wnaeth Mared. 'Na, mae'n well i mi aros adref, mi fydd ... ' a dyna lle roedd hi'n meddwl am esgus, 'mi fydd fy mrawd bach eisiau i mi ei helpu efo'i symiau ac mi fydd Dad angen help i wneud swper ac ... ' roedd hi'n rhedeg allan o esgusodion erbyn hyn.

Ond y gwir plaen oedd bod ei mam yn dod adref o'r ysbyty. Roedd hi wedi bod yn sâl ac felly roedd Mared yn awyddus iawn i weld ei mam ac i fod gyda hi.

Pan gyrhaeddodd adref o'r ysgol dyna lle roedd ei mam yn lled-orwedd ar y soffa. Roedd hi'n edrych yn welw. Rhedodd Mared ati a'i chofleidio'n dynn. Dechreuodd ei mam wylo'n hidl. 'Peidiwch â chrio Mam,' meddai Mared yn dyner, 'mi ydw i yn mynd i ofalu amdanoch chi. Mi fyddwch wedi gwella ymhen dim.'

Ar ôl ysbaid o ddistawrwydd gofynnodd ei mam, 'Mared, wyt ti'n meddwl mod i wedi colli pwysau?'

Doedd Mared ddim yn gwybod sut i'w hateb. Beth fedrai hi ei ddweud?

'Dydych chi ddim wedi colli pwysau o gwbl ac mi ydych chi'n edrych yn dda. Wir yr rŵan mam.'

Cododd ei mam oddi ar y soffa ac aeth yn syth i'w hystafell wely.

Arhosodd Mared ar y soffa i hel meddyliau. Tybed oedd hi wedi gwneud mwy o ddrwg?

Trafodaeth bellach:

● Tybed oedd ei mam wedi rhoi Mared mewn lle anodd?

● Pam aeth mam Mared i'w hystafell wely?

● Sut fyddech chi wedi ymateb i gwestiwn y fam?

Dyfyniad o'r Beibl:

Mae geiriau gwir yn aros bob amser,
ond celwydd, mae wedi mynd mewn chwinciad.

Diarhebion 12:19 beibl.net

Munud i feddwl:

Tri pheth na ellir ei guddio – yr haul, y lleuad a dweud y gwir.

Buddha

Os ydych chi'n dweud y gwir does dim rhaid i chi gofio'r manylion.

Mark Twain

Mae'n anodd credu'r celwyddog hyd yn oed os ydi o'n dweud y gwir.

Aesop

Emyn: Crea ynof galon lân: Canu Clod 83

Myfyrdod/Gweddi:

Mae hi'n anodd iawn dweud y gwir bob tro. Ond os y bydda i'n methu wnei di fy helpu ac os y bydda i'n teimlo bod dweud celwyddau'n fwy caredig wnei di fy helpu i ddewis yn ddoeth? Diolch. Amen.

Dyfalbarhad

Cysyniadau: Dyfalbarhad.

Amcan: Dangos pa mor bwysig ydi dal ati a bod dyfalbarhad yn dod â'i wobrwyon.

Cyfarpar: Dim.

Cyflwyniad:

● Holi'r plant am bethau y bydden nhw'n hoffi medru eu gwneud. Efallai y byddai ambell un yn hoffi bod yn athletwr da. Un arall â'i fryd ar ymddangos ar y llwyfan a disgleirio ym myd cerddoriaeth. Beth bynnag fo'r nod bydd rhaid gweithio'n galed, ymarfer yn gyson a dal ati.

● Efallai bod ambell un o'r plant yn disgleirio ym myd chwaraeon neu ganu. Eu holi beth maen nhw'n wneud bob dydd i ymarfer eu talentau. Oes ganddyn nhw dargedau maen nhw'n ceisio'u cyrraedd bob dydd neu bob wythnos?

Stori:
Y Llyffant Penderfynol

Sblasio a strempio, neidio a chrawcio. Sbonciodd y Llyffant i mewn ac allan o'r dŵr lleidiog.

Roedd ei fam yno. A'i dad hefyd. A dau ddeg saith o'i frodyr a'i chwiorydd. Dyna'r lle roedden nhw'n deifio a nofio a phadlo o gwmpas.

'Rwy'n siŵr fod yna fwy i fywyd na'r pwll lleidiog hwn,' meddai'r Llyffant wrtho'i hun, un diwrnod.

Felly, gan sblasio a strempio, neidio a chrawcio, sbonciodd i ffwrdd o'r pwll ac ar draws buarth y fferm.

Aeth heibio'r twlc lle roedd y moch yn gorwedd a'r cwt bychan lle roedd yr ieir yn clwcian. A dyma fo'n cyrraedd o'r diwedd i'r beudy.

'Nawr, mae hyn yn ddiddorol,' meddyliodd. A sbonciodd y Llyffant i mewn. Roedd y beudy'n anferthol. Roedd y beudy'n wag! Felly treuliodd y diwrnod cyfan yn sboncio – oddi yma i'r gwair ac o'r gwair i fan acw. Ac fel roedd yr haul yn disgyn tu ôl i sil y ffenestri ac anfon ei gysgodion hirion dyma'r Llyffant yn cymryd un sbonc enfawr – a glanio PLONC ynghanol piser o hufen.

Sblasio a strempio, neidio a chrawcio.

'O diar,' meddyliodd y Llyffant. 'Dyma'r dŵr rhyfeddaf rydw i erioed wedi nofio ynddo. A'r un mwyaf llithrig, hefyd.'

Ceisiodd y Llyffant ei orau glas i ddringo allan o'r piser, ond doedd dim yn tycio. A chan fod y piser mor ddwfn, fedrai o ddim gwthio'i goesau ôl oddi ar waelod y piser a neidio allan.

'Mi ydw i'n sownd yma!' sylweddolodd y Llyffant o'r diwedd. Yna dechreuodd grawcian a chrawcian a gweiddi am help. Ond roedd y beudy'n dal yn wag. Erbyn hyn roedd hi wedi tywyllu. Ac roedd ei deulu ymhell i ffwrdd.

Sblasio a strempio, neidio a chrawcio.

Padlodd a phadlodd y Llyffant, gan ymdrechu'n galed i gadw'i ben uwchben yr hufen.

Meddyliodd a meddyliodd y Llyffant. Meddyliodd am ei fam, a sut y buasai'n siŵr o glywed ei chrawcian hapus yn y bore.

'Dydw i ddim yn mynd i roi'r gorau iddi. Mi ydw i yn mynd i ddal ati!' crawciai'r Llyffant wrtho'i hun. A dyma fo'n dechrau padlo o'i hochr hi.

Yna meddyliodd y Llyffant am ei dad. Meddyliodd na fyddai'r ddau'n cael cyfle i ddal pryfed gyda'i gilydd efo'u tafodau hir, gludiog.

O'r diwedd, meddyliodd y Llyffant am ei frodyr a'i chwiorydd, a sut y byddai'n colli chwarae sboncio a thaclo traed efo nhw.

DYDW I DDIM YN MYND I ROI'R GORAU IDDI. MI YDW I YN MYND I DDAL ATI. Crawciai a gwaeddai a chwynai'r Llyffant. Yna padlodd cyn galeted ag y medrai.

A dyna pryd y teimlodd traed y Llyffant rywbeth. Doedd yr hufen o dan ei fysedd gweog ddim yn wlyb ac yn llithrig ddim mwy.

Yn hytrach roedd yn galed a lympiog. Efo'r holl badlo roedd y Llyffant wedi corddi'r hufen yn fenyn!

Gorffwysodd y Llyffant ei draed ar y menyn. Gwthiodd yn galed â'i draed ôl cryfion. Ac yna, gyda chrawc a gwthiad, llamodd allan o'r piser ac ar lawr y beudy.

A dyma'r Llyffant a wrthododd roi'r gorau iddi yn sboncio'n syth adref. A bu'n byw yn hapus am weddill ei ddyddiau, yn sblasio a strempio, neidio a chrawcian efo'i deulu yn y pwll lleidiog.

Llyfr Mawr Straeon o Bedwar Ban Byd Cyhoeddiadau'r Gair 2017

- Ydych chi'n meddwl bod y llyffant wedi gwneud peth call yn gadael y pwll lleidiog?

- Sut byddech chi'n disgrifio'r llyffant?

- Beth oedd yn ei yrru ymlaen i geisio dod allan o'r piser?

Emyn: Hapus wyf fi: Canu Clod 208

Dyfyniad o'r Beibl:
Rhaid i chi ddal ati, a gwneud beth mae Duw eisiau.

Hebreaid 10:36 beibl.net

Munud i feddwl:
Does neb yn llwyddo heb yn gyntaf wneud ei orau a dal ati.

Myfyrdod/Gweddi:
O Dduw, helpa fi i ddal ati er bod y gwaith o dro i dro yn anodd. Helpa fi i ddal ati bob amser. Amen.

Guru Nanak

Cysyniadau:	**Helpu eraill, cyfeillgarwch, gwerthfawrogiad, rhannu.**
Amcan:	**Dysgu am gymeriadau o grefydd a thraddodiad arall.**
Cyfarpar:	**Llun dyn a dynes o grefydd y Sîc.**

Cyflwyniad:

● Dangos llun i'r plant. Bydd y plant yn sylwi bod y ddau yn y llun yn gwisgo'n wahanol. Bydd y dyn yn gwisgo twrban ar ei ben i guddio'i wallt a'i wraig yn gorchuddio ei phen â sgarff. Pan fydd aelodau o grefydd y Sîc yn mynd i addoli mi fyddan nhw'n tynnu eu hesgidiau.

● Sylfaenydd y grefydd Sicaidd oedd dyn o'r enw Nanak. Roedd yn byw yn India flynyddoedd maith yn ôl. Ar ôl iddo dyfu i fyny aeth i weithio i deulu cyfoethog iawn. Nanak oedd yn gyfrifol am arian y teulu cyfoethog. Y fo oedd yn cadw cyfrif o faint oedd y teulu yn ennill a faint oedden nhw'n wario. Nanak oedd cyfrifydd y teulu. Ond doedd y swydd hon ddim yn plesio Nanak. Roedd o'n teimlo bod Duw yn ei alw i helpu pobl eraill. Pobl dlawd, pobl oedd heb ddim byd o gwbl.

Stori:

Dyma stori heddiw am Guru Nanak neu'r athro (dyna ystyr Guru) Nanak.

'Rydw i am fynd ag anrheg i Guru Nanak,' meddai Sadŵ. Bachgen wyth mlwydd oed oedd Sadŵ yn byw efo'i frodyr a'i chwiorydd a'i rieni mewn ardal dlawd ar gwr y ddinas.

'Pa fath o anrheg?' gofynnodd ei dad iddo.

'Ddoe,' meddai Sadŵ, 'mi ddois i ar draws pluen aderyn ar lan yr afon. Mae hi'n bluen liwgar. Rwy'n siŵr y bydd Guru Nanak yn falch

ohoni.' Ac i ffwrdd â fo efo'r bluen liwgar.

Cafodd groeso mawr gan Nanak. 'Diolch yn fawr iawn i ti am y bluen, ond dydw i ddim am ei chadw i mi fy hun. Mi ydw i am ei rhoi hi'n anrheg i ferch fach sy'n byw lawr y stryd. Mae hi'n sâl a dwi'n siŵr y bydd y bluen yn codi'i chalon.'

Un felly oedd Guru Nanak. Doedd o byth yn meddwl amdano'i hun. Meddwl am eraill roedd o bob amser.

Un diwrnod penderfynodd gwëydd blethu carped hardd i Nanak. Roedd hwn yn mynd i fod y carped prydferthaf roedd y gwëydd wedi'i greu erioed. Bu wrthi am fisoedd, ddydd a nos, yn plethu'r carped. Byddai pobl yn dod o bell i weld y gwëydd wrth ei waith.

'Pwy sy'n mynd i gael y carped hardd hwn?' gofynnodd un ymwelydd iddo.

'O! mae'r carped hwn yn cael ei blethu i rywun arbennig iawn.'

'Pwy felly?' gofynnodd yr ymwelydd.

'Guru Nanak,' meddai'r gwëydd. 'Mi fydda i wedi gorffen y gwaith erbyn diwedd yr wythnos. Yna dydd Llun nesaf byddaf yn mynd â'r carped a'i roi yn anrheg i Guru Nanak.' A dyna ddigwyddodd.

Ar ôl i'r gwëydd rolio'r carped meddai wrth Guru Nanak, 'Os gwelwch yn dda, wnewch chi eistedd ar y carped?'

Ond yn hytrach nag eistedd ar y carped meddai Guru Nanak, 'Mae'n well gen i garped natur, sef y glaswellt, mae hwnnw'n ddigon da i mi. Ond rwyf am i ti wneud defnydd o'r carped. Edrych draw acw ar yr ast a'i chŵn bach. Mae hi'n llwgu ac mae hi'n oer. Rho'r carped drostyn nhw a rho fwyd a diod iddyn nhw. Mi fydd hynny'n fy ngwneud i'n hapus iawn. Dydw i ddim yn hoffi gweld dyn nac anifail yn dioddef.' Gafaelodd y gwëydd yn y carped a'i roi dros yr ast a'i chŵn bach a rhoddodd fwyd a diod iddyn nhw yn ôl gorchymyn Guru Nanak.

Teimlai'r gwëydd ei fod wedi gwneud rhywbeth gwerth chweil.

Trafodaeth bellach:

● Sut ddyn oedd Guru Nanak? Pa eiriau fyddech chi'n eu defnyddio i'w ddisgrifio?

- Tybed oedd Guru Nanak yn ddyn anniolchgar yn gwrthod yr anrheg?

- Sut oedd y gwëydd yn teimlo, tybed, wedi mynd i'r holl drafferth?

Dyfyniad o'r Beibl:

Rwyt ti wedi gosod dyn yn feistr ar y defaid ac ychen o bob math, a hyd yn oed yr anifeiliaid gwyllt; yr adar sy'n hedfan, y pysgod sydd yn y môr.   Salm 8 (aralleiriad)

Emyn: Os cei gyfle: Canu Clod 323

Munud i feddwl:

Rydw i'n frawd i bawb sy'n caru Duw ac y mae pawb sy'n caru Duw yn frodyr i'w gilydd.   Guru Nanak

Myfyrdod/Gweddi:

O Dduw, mi ydw i eisiau helpu pobl ac anifeiliaid a phopeth byw. Amen.

Gwneud dim byd

Cysyniadau: **Cyfeillgarwch, gofal, meddwl am eraill, penderfyniad.**

Amcan: **Pwysleisio'r pwysigrwydd o weithredu.**

Cyfarpar: **Dim.**

Cyflwyniad:

Heddiw rydym am drafod y syniad o 'wneud dim'. Holi'r plant beth yn union yw 'gwneud dim byd'. Dyma rai enghreifftiau:

● Ydi eistedd yn llonydd yn enghraifft o wneud dim byd?

● Beth am gysgu?

Galw plentyn i sefyll fel cerflun neu ddelw.

● Ydi cerflun yn aros yn llonydd ac yn gwneud dim byd?

● Ydi cerflun yn sefyll?

● Petai rhywun yn gwthio cerflun a'i daro i lawr ydi'r cerflun wedi gwneud rhywbeth?

● Beth yn union ydi ystyr 'gwneud' rhywbeth?

● Ydych chi'n gwybod beth yw 'berf'? Mae berf yn disgrifio gweithred o ryw fath.

- Pa air ydi'r 'ferf' yn y brawddegau hyn?

Dacw Elin yn dringo i fyny'r goeden.
Rhedodd Iwan ar draws y stryd.
Mae'r babi bach yn cysgu'n dawel.
Ciciodd y blaenwr y bêl i ben pellaf y rhwyd.

Trafodaeth bellach:
- Ydi o'n bosibl i ni 'wneud dim byd'?

- Sut medrwn ni 'weithredu', gwneud rhywbeth:

- I ni ein hunain? Ymolchi, brwsio'n gwallt, glanhau'n dannedd.

- Yn y cartref? Glanhau, golchi llestri, gwneud y gwely, tacluso'r stafell.

- Yn yr ysgol? Gweithio'n galed, chwarae'n dda.

- I eraill? Siopa, garddio, gwneud paned o de.

- Mae Iesu'n feirniadol iawn a llym ei dafod â'r rhai hynny sy'n dweud beth sydd angen ei wneud ond dydyn nhw ddim yn gweithredu. Mae'n sôn am y Phariseaid, y bobl grefyddol, ac mae'n dweud na ddylid dilyn eu hesiampl nhw.

Meddai Iesu: "Maen nhw'n gosod beichiau trwm eu rheolau crefyddol ar ysgwyddau pobl, ond wnân nhw ddim codi bys bach i helpu pobl i gario'r baich." Mathew 23:4 beibl.net

- Beth oedd Iesu'n feddwl wrth ddweud 'codi bys bach'?

- Sut medrwn ni helpu pobl sydd mewn angen:
    Yn lleol?
    Mewn gwledydd eraill?

● Ydi anfon arian at achosion da yn ddigon?

● Sut mae gweithredu'n uniongyrchol?

Stori:

Roedd Sam yn ei chael hi'n anodd iawn pasio heibio tŷ rhif 8. Mae o'n dal i gofio taro'r bêl griced a honno'n mynd yn syth i ardd rhif 8 a sŵn y gwydr yn torri'n deilchion. Un o wydrau'r tŷ gwydr. Er ei fod wedi mynd yno'n syth i ymddiheuro mi gafodd o bryd o dafod gan Mrs Jones, y perchennog. Roedd sŵn y gwydr yn torri'n deilchion yn dal yn ei glustiau.

Wrth fynd heibio'r tŷ efo'i ffrind ar ei ffordd adref o'r ysgol sylwodd fod y pwll yn y ffrynt yn llawn o lysnafedd gwyrdd. A dweud y gwir doedd dim golwg o'r dŵr o gwbl gan fod y tyfiant llysnafeddog yn drwchus drosto.

'Wn i,' meddai Sam wrth ei ffrind, 'beth am i ni fynd i ofyn i Mrs Jones ydi hi eisiau i ni glirio'r pwll iddi?'

Curodd Sam y drws. Daeth Mrs Jones i'r drws. 'Wel, be ydych chi eisiau? Chi wnaeth dorri gwydr y tŷ gwydr ynte?'

Mae'n amlwg nad oedd Sam na'i ffrind yn cael llawer o groeso gan Mrs Jones.

'Meddwl oedden ni tybed fuasech chi'n hoffi i ni lanhau'r pwll i chi ... '

Cyn i Sam orffen ei frawddeg roedd Mrs Jones wedi cythru iddo. 'Dim diolch yn fawr, rhag ofn i chi dorri rhywbeth arall. Ewch ... '

Ar hyn daeth dyn allan i'r ardd. 'Be sy'n bod?' gofynnodd.

'Yr hogia yma eisiau glanhau'r pwll i mi. Wyt ti'n cofio hwn, fo wnaeth dorri gwydr y tŷ gwydr ... '

'Wel,' meddai'r dyn, 'chwarae teg iddyn nhw am gynnig. Rho gyfle iddyn nhw. Da iawn chi hogia, brawd Mrs Jones ydw i. Ac ylwch, mi helpa i chi. Beth am fore Sadwrn?'

Pan wawriodd bore Sadwrn roedd Sam, ei ffrind a brawd Mrs Jones yn eu wellingtons a Mrs Jones yn cario sudd a the iddyn nhw. Erbyn canol y pnawn roedd y pwll yn edrych fel newydd.

Trafodaeth bellach:

● Sut un oedd Mrs Jones? Oedd hi'n dal dig?

● Beth am gymeriad Sam a brawd Mrs Jones?

● Ydi gweithredu yn bwysig?

Munud i feddwl:

Dydych chi ddim wedi byw heddiw nes eich bod wedi gwneud rhywbeth i rywun na fedr dalu'n ôl i chi. John Bunyan

Rhowch nes ei fod yn brifo. Y Fam Theresa

Emyn: Dwylo ffeind oedd dwylo: Canu Clod 150

Myfyrdod/Gweddi:

Mae'n rhaid i mi weithredu. Mae'n rhaid i mi wneud rhywbeth er mwyn pobl eraill. O Dduw, gwna fi'n unigolyn sydd yn meddwl am bobl eraill ond sydd hefyd yn barod i helpu pobl eraill. Diolch. Amen.

Gwerthfawrogi a derbyn pawb

Cysyniadau:	**Cyfeillgarwch, parch, cryfder.**
Amcan:	**Dysgu parchu pobl eraill pwy bynnag ydyn nhw.**
Cyfarpar:	**Dangos lluniau pobl o wahanol draddodiadau yn eu gwisgoedd.**

Cyflwyniad:

● Er bod y bobl yn y lluniau yn ymddangos yn wahanol, eto maen nhw'n debyg iawn i ni. Cyfeirio at eu cyrff – pen, breichiau, dwylo, coesau, traed.

● Beth sy'n eu gwneud ym wahanol? Lliw eu croen, yr iaith maen nhw'n siarad a'u gwisgoedd. Efallai eu bod nhw'n bwyta pethau sy'n wahanol i ni. Ond pobl ydyn nhw fel ni. Maen nhw'n gallu chwerthin a chrio, gallu rhedeg a dawnsio, mwynhau chwaraeon.

Stori:

Un tro, amser maith yn ôl, roedd tywysoges hardd yn byw ar gwr y goedwig. Byddai wrth ei bodd yn mynd am dro at y goeden dderwen. Wrth ymyl y goeden dderwen roedd ffynnon o ddŵr grisial. Ar ddiwrnod braf byddai'r dywysoges yn yfed y dŵr o'r ffynnon ac yn chwarae gyda'i phêl aur. Ond un diwrnod rholiodd y bêl aur o'i gafael ac yn syth i mewn i'r ffynnon a suddodd i'r gwaelod. Prin oedd hi'n gallu gweld y bêl aur yng ngwaelodion y ffynnon. Dechreuodd wylo. Yna'n sydyn o ddyfroedd y ffynnon clywodd lais yn galw, 'Beth sy'n bod dywysoges hardd? Pam wyt ti'n wylo?'

Edrychodd o'i chwmpas ac yn sydyn gwelodd ben hyll yn ymddangos o'r dŵr. Beth ar wyneb y ddaear oedd hwn?

Dechreuodd siarad efo hi. 'Llyffant ydw i ac mi ydw i'n byw yng ngwaelodion y ffynnon. Fedra i dy helpu di?'

'Mae fy mhêl aur wedi syrthio i waelod y ffynnon. Fy mhêl aur,' ochneidiodd y dywysoges.

'Paid â wylo,' meddai'r llyffant. 'Mi alla i dy helpu, ond beth roi di i mi am blymio i waelod y ffynnon i nol dy bêl?'

'Mi gei di rywbeth wyt ti eisiau!' meddai'r dywysoges. 'Unrhyw beth yn y byd. Fy nillad gorau, fy mherlau neu'r goron rwyf yn ei gwisgo.'

'Dydw i ddim eisiau dy ddillad na dy berlau na dy goron,' atebodd y llyffant, 'ond mi hoffwn i fod yn ffrind da i ti. Mi hoffwn i eistedd wrth y bwrdd bwyd efo ti a byw efo ti yn y palas. Os gwnei di addo hyn i mi, yna mi blymia i i waelod y ffynnon i nol dy bêl.'

'Iawn,' meddai'r dywysoges. 'Mi gei di bopeth.'

Ond roedd hi'n dal i gredu bod y llyffant yn erchyll ac yn hyll a doedd hi ddim am gael ffrind oedd yn edrych mor anghynnes.

Nofiodd y llyffant i waelodion y ffynnon a daeth â'r bêl aur i fyny rhwng ei goesau blaen. Cythrodd y dywysoges yn y bêl aur a rhedodd nerth ei thraed yn ôl i'r palas gan adael y llyffant yn gweiddi ar ei hôl, 'Aros amdana i, fedra i ddim rhedeg mor gyflym ag wyt ti.'

Cyrhaeddodd y dywysoges y palas a chaeodd y drws yn dynn ar ei hôl ac anghofiodd y cwbl am y creadur hyll ac anghynnes.

Ymhen tipyn clywodd rywun yn curo ar ddrws y palas. Agorodd y dywysoges y drws a phwy oedd yno ond y llyffant. Rhedodd y dywysoges at ei thad, y brenin. Dywedodd y stori wrth ei thad ac meddai yntau wrthi, 'Gan dy fod di wedi gwneud addewid yna mae'n rhaid i ti gadw at dy air.'

Aeth y dywysoges yn ôl at y drws a daeth y llyffant i mewn ac eisteddodd wrth y bwrdd wrth ochr y dywysoges.

Ac meddai'r brenin wrthi, 'Paid ti byth â thorri d'addewid a phaid ti â barnu neb wrth ei olwg. Mi fuo'r llyffant yn barod i wneud tro da efo ti, yn plymio i waelod y ffynnon i nôl dy bêl aur. Efallai nad ydi'r llyffant yn edrych yn hardd o'r tu allan ond mae o wedi bod yn garedig iawn efo ti. Cofia di hynny!' meddai'r brenin.

Trafodaeth bellach:

● Os y buasech chi'n dywysoges fyddech chi wedi gofyn i'r llyffant eich helpu?

● Tybed oedd y llyffant braidd yn hunanol eisiau gwobr am wneud tro da?

● Fyddech chi'n cytuno â'r hyn ddywedodd y brenin?

Dyfyniad o'r Beibl:

"Peidiwch bod yn feirniadol o bobl eraill."
"Ond dw i'n dweud wrthoch chi: Carwch eich gelynion ..."

Mathew 7:1; 5:44 beibl.net

Munud i feddwl:

Mae'n rhaid i ni wneud ein gorau i ddeall bod pobl y byd i gyd yn perthyn i un teulu mawr.

Emyn: Dangos cariad Duw: Mwy o Glap a Chân 62

Myfyrdod/Gweddi:

O Dduw, os gweli'n dda wnei di ein dysgu i garu a derbyn pawb? Amen.

Gwydraid o ddŵr

Cysyniadau:	**Cenfigen, dyfalbarhad, penderfyniad.**
Amcan:	**Cymell y plant i edrych yn gadarnhaol a dyfalbarhau.**
Cyfarpar:	**Gwydraid o ddŵr.**

Cyflwyniad:
● Ydi'r gwydr yn hanner llawn neu hanner gwag?

● Rhoi cyfle i'r plant ateb ac er mwyn i bob un gael cyfle gofyn, 'Faint ohonoch chi sy'n meddwl bod y gwydr yn hanner llawn a faint sy'n credu bod y gwydr yn hanner gwag?' Y plant i ddangos trwy roi eu dwylo i fyny.

Trafodaeth bellach:
● Oes yna ateb pendant i'r cwestiwn?

● Ydi'r ddau ateb yn gywir?

● Ai mater o farn bersonol ydi'r ateb?

● Pa wahaniaeth mae eich ateb yn ei wneud?

Dyma'r adeg i gyflwyno dau air newydd. Optimydd a pesimydd. Gellir cyflwyno'r rhain ar y bwrdd gwyn. Ar ôl cael barn y plant am y geiriau gellir, wedyn, egluro fel hyn:

● Mae'r optimydd yn edrych ar bethau'n gadarnhaol; gweld yr ochr dda/orau i bethau.

- Mae'r pesimydd yn edrych ar bethau'n negyddol; gweld yr ochr ddrwg/dywyll i bethau.

- Pa un o'r rhain, ai'r optimydd neu'r pesimydd, fyddai'n gweld y gwydr yn hanner llawn? Pam?

- Pa un o'r rhain, ai'r optimydd neu'r pesimydd, fyddai'n gweld y gwydr yn hanner gwag? Pam?

- Mae un yn edrych yn gadarnhaol a'r llall yn negyddol.

- Ydi o'n well bod yn optimydd na bod yn besimydd? Pam?

Trafodwch yr enghreifftiau hyn:
- Mi fyddan ni'n siŵr o golli yn erbyn tîm pêl-droed/tîm rygbi/tîm pêl-rwyd Ysgol Maes yr Haf yr wythnos nesaf.

- Mi fydd hi'n siŵr o fwrw glaw heno a ninnau eisiau mynd ar daith gerdded.

- Gofynnwch i'r plant am enghreifftiau o bethau sy'n dda neu'n ddrwg. Dyma rai enghreifftiau i'w hystyried:

- Efallai nad ydych yn gwneud yn dda mewn arholiad neu brawf yn yr ysgol.

- Efallai eich bod wedi anghofio anfon cerdyn pen-blwydd i'ch ffrind gorau.

- Mae eich hoff anifail anwes wedi marw.

- Mae eich tîm chi wedi colli.
Sut ydych chi'n teimlo?

Stori:

Gwydraid o Ddŵr

> *A dweud y gwir doedd gan Bob fawr o ddiddordeb yn yr ysgol. Nid fel ei ffrind Kev.*

> ' *Mi ydw i wrth fy modd yn yr ysgol.' meddai Kev. 'Mathemateg, iaith, gwyddoniaeth, gwaith celf a chwarae – ffab,' meddai Kev.*

> *'Mae'n gas gen i Fathemateg, yn enwedig y tablau 'na, a wedyn sgwennu stori am be fuoch chi'n wneud dros y gwyliau – boring, boring, boring,' cwynai Bob.*

> *Kev oedd yn ateb bob amser yn y dosbarth. Roedd ei law i fyny o flaen pawb. Ar y cae chwarae wedyn y fo oedd yn cael ei ddewis yn gapten y tîm. Doedd neb eisiau Bob yn eu tîm. 'Dydw i'n da i ddim,' meddai Bob, 'ac mae pawb yn gwybod hynny.'*

> *Un bore cyhoeddodd Miss Ifans fod un o'r dosbarth wedi dod yn gyntaf trwy Gymru am sgwennu stori. 'Pwy ond Kevin Huws,' meddai Bob yn ddistaw dan ei wynt. Ac mi oedd o'n iawn.*

> *'Mae'r dystysgrif hon a deugain punt o wobr yn mynd i ... Kevin Huws,' meddai Miss Ifans fel petai hi'n feirniad yn Eisteddfod yr Urdd. Dechreuodd y plant i gyd glapio eu cymeradwyaeth i Kevin.*

> *Amser cinio, ar y buarth, gofynnodd Bob i Kevin, 'Pam wyt ti'n gwneud yn dda ymhob dim?'*

> *'Yli, boi,' meddai Kev yn ôl, 'dwyt ti ddim yn newid dim. Mi wyt ti yn dal 'run fath, yn dweud bod pob dim yn anodd, a does gen ti ddim amynedd i wneud dim byd. Gafael ynddi a cheisia wneud dy orau. Mi wyt ti bob amser yn negyddol.'*

> *'Be ydi hynny?' gofynnodd Bob.*

> *'Mi wyt ti bob amser yn gweld y gwydr yn hanner gwag.'*

> *Eisteddodd Bob ar y grisiau oedd yn arwain at y stafell ginio. 'Efallai fod rhaid i mi wneud mwy o ymdrech,' meddai.*

Trafodaeth bellach:

● Tybed a oedd Kevin yn dangos ei hun?

● Oedd Kevin yn iawn yn dweud y gwir wrth Bob?

● Beth fyddai eich ymateb chi?

Munud i feddwl:

Mae hapusrwydd bywyd yn dibynnu ar ansawdd eich meddyliau a'r ffordd yr ydych yn edrych ar fywyd. Gweld y gorau ym mhawb.

Emyn: Byd sy'n well: Clap a Chân i Dduw 38

Dywedodd Iesu Grist:

"Dych chi wedi clywed i hyn gael ei ddweud: 'Rwyt i garu dy gymydog' (ac 'i gasáu dy elyn'). Ond dw i'n dweud wrthoch chi: Carwch eich gelynion ..." Mathew 5:43–44 beibl.net

Myfyrdod/Gweddi:

Mi fuaswn i wrth fy modd petawn i'n medru gweld y gorau ym mhawb a phopeth. O Dduw, wnei di fy helpu i weld y gwydr yn hanner llawn bob tro? Diolch. Amen.

Jig-so

Cysyniadau:	**Cyfeillgarwch, gwrthdrawiad, meddwl am eraill.**
Amcan:	**Dangos fel mae'r pedair efengyl yn rhoi darlun cyflawn i ni o fywyd Iesu.**
Cyfarpar:	**Torri llun yn ddarnau fel jig-so. Y Beibl. Y pedair efengyl – Mathew, Marc, Luc ac Ioan.**

Cyflwyniad:

● Holi'r plant faint ohonyn nhw sy'n hoff o wneud jig-so. Dangos bocs o ddarnau bach o jig-so.

● Mi ydw i wedi gwneud jig-so. Torri darlun yn ddarnau – ryw chwech i wyth o ddarnau. Dangos y darnau fesul un a chael y plant i ddyfalu beth yw'r darlun. Gall y darlun gorffenedig fod yn ddarlun o unrhyw beth.

● Nid yw'n rhwydd dweud beth yw'r darlun cyfan ddim ond wrth weld un darn ar y tro. O roi'r darnau at ei gilydd mae'r darlun yn dod yn glir.

Trafodaeth bellach:

● Dangos copi o'r Beibl. Yn hytrach na thrafod ar hyd ac ar led mae'n well dweud bod y Beibl yn dweud hanes Iesu Grist. Mae'r Beibl wedi'i rannu'n ddau: Yr Hen Destament a'r Testament Newydd. Mae hanes Iesu yn y Testament Newydd.

● Yn y Testament Newydd mae 4 llyfr sy'n cael eu galw gyda'i gilydd yn Efengylau. Dyma enwau y 4 Efengyl – Efengyl Mathew, Efengyl Marc, Efengyl Luc ac Efengyl Ioan. Ystyr efengyl ydi 'newyddion da'.

● Mae Mathew, Marc, Luc ac Ioan wedi ysgrifennu hanes Iesu Grist. Ond mae'r pedwar awdur wedi rhoi darlun ychydig bach yn wahanol i ni o fywyd Iesu. Dim ond Mathew a Luc sy'n rhoi hanes geni Iesu i ni. Mae'r pedair efengyl yn cofnodi bod Iesu wedi marw ar y groes.

Stori:

Efengyl Luc yn unig sy'n adrodd y stori hon:

Un diwrnod daeth dyn at Iesu i wrando arno'n ateb cwestiynau am Dduw. Roedd wedi clywed bod rhai yn dilyn Iesu am ei fod yn dweud pethau gwahanol i'r bobl grefyddol eraill.

'Athro,' meddai. 'Beth sydd raid i mi ei wneud i gael bywyd llawn?'

'Beth mae cyfraith Duw yn ei ddweud?' gofynnodd Iesu iddo.

Atebodd y dyn, 'Caru Duw â'th holl galon, a charu dy gymydog yn union fel rwyt ti'n dy garu dy hun.'

'Felly, rwyt ti'n gwybod yr ateb,' meddai Iesu wrtho.

'Ond pwy ydi fy nghymydog?' gofynnodd y dyn.

'Mi adrodda i stori wrthyt ti,' meddai Iesu. 'Unwaith, roedd dyn yn cerdded ar ffordd unig a pheryglus o Jerwsalem i Jericho. Daeth lladron heibio ac ymosod arno gan ddwyn ei arian a'i ddillad a'i adael yno'n hanner marw ar ochr y ffordd.

'Yn nes ymlaen, daeth un o weithwyr y deml heibio a gwelodd y dyn ar ochr y ffordd ond penderfynodd beidio â'i helpu. Aeth heibio iddo yr ochr arall.

'Ymhen amser wedyn, daeth un arall o weithwyr y deml heibio. Gwelodd yntau'r dyn oedd wedi'i glwyfo, ond arhosodd o ddim.

'Yn olaf, daeth Samariad, un o elynion yr Iddewon, heibio. Pan welodd y dyn ar ochr y ffordd arhosodd yno i'w helpu. Rhoddodd gadachau ar ei friwiau, ei godi ar ei asyn, a mynd â fo i westy cyfagos. Rhoddodd ychydig o arian i'r gwesteiwr i ofalu amdano nes y byddai'r dyn yn gwella.'

'Pan ddof yn ôl, mi rof ragor o arian i ti,' dywedodd.

Yna gofynnodd Iesu i'r dyn oedd wedi gwrando ar y stori:

'Pa un o'r rhain oedd yn gymydog da i'r dyn oedd wedi'i anafu?'

'Hwnnw roddodd help iddo,' meddai'r dyn.

'Mae'n rhaid i tithau wneud yn union yr un fath,' meddai Iesu.

Dyna un stori lle mae Iesu'n dweud bod rhaid i ni garu'n gilydd.

Dyma stori arall am Iesu, o Efengyl Luc, lle mae Iesu'n flin ac yn gwylltio:

Stori:

Ar ôl cyrraedd dinas Jerwsalem, aeth Iesu i'r deml. Gwelodd yno bobl oedd yn gwneud elw iddyn nhw eu hunain, a theimlai'n ddig iawn tuag atyn nhw.

Gafaelodd yn y byrddau fesul un, a'u troi ben i waered. Tasgodd y darnau arian i bob cyfeiriad.

'Tŷ i Dduw ydi hwn!' meddai. 'Lle arbennig i bobl weddïo ac addoli Duw. Ond rydych chi wedi'i wneud yn lle anonest, yn ogof i ladron a phobl ddrwg!'

Emyn: Dewch i garu Iesu Grist: Mwy o Glap a Chân 86

Trafodaeth:

● Dau ddarlun gwahanol. Iesu'n dweud bod rhaid i ni garu ein gelynion.

● Oedd hi'n iawn bod Iesu wedi gwylltio yn y deml?

Myfyrdod/Gweddi:

Diolch, O Dduw, am y pedair efengyl sydd fel darnau o'r jig-so yn rhoi darlun llawn i ni o Iesu Grist. Diolch. Amen.

Maddau i'n gilydd

Cysyniadau:	**Maddeuant, cadernid.**
Amcan:	**Dangos bod maddau i'n gilydd yn rhinwedd.**
Cyfarpar:	**Papur A4.**

Cyflwyniad:

● Tybed fedra i ddarllen eich meddyliau? Hynny yw gwybod beth sy'n mynd drwy eich meddyliau y munud yma. Felly, mi ydw i am geisio gwneud hynny y bore 'ma. Yn wir, mi ydw i'n gwybod beth sy'n mynd drwy eich meddyliau rŵan – mi ydych chi'n meddwl na fedra i ddim darllen eich meddyliau! Mae'n amhosibl, meddech chi.

● Wel, dowch i ni roi cynnig arni. Mi ydw i eisiau i chi feddwl am rif. Peidiwch â dweud wrth neb. Cadwch y rhif yn eich cof. Mi ydw i am edrych ar y rhai sy'n eistedd yn y blaen. Wel, yn wir mae nifer o rifau yn ymddangos. Rydw i am eu hysgrifennu ar y darn papur. (Ysgrifennwch y rhif 1089 ar y papur a rhoi'r papur ar ei ben i lawr ar y bwrdd.)

● Ond mi ydw i angen help. Fedr un ohonoch roi rhif i mi rhwng 1 a 3, un arall roi rhif rhwng 4 a 6, un arall rhwng 7 a 9? Ysgrifennwch y rhain ar ddarn o bapur e.e. 2, 5, 9. Yn awr mi ydw i am gyfnewid y rhifau hyn a rhoi'r rhif olaf yn gyntaf a thynnu y rhif lleiaf o'r rhif mwyaf e.e. 952 – 259 = 693. Y tro hwn rwyf am newid y rhifau ac adio y rhif mwyaf 693 a'r lleiaf 396 a'r cyfanswm 1089.

● Gofyn i un o'r plant ddod i ddangos beth oedd y rhif ar y papur ar y bwrdd.

Trafodaeth bellach:

● Ydych chi'n meddwl fy mod i'n gallu darllen eich meddwl? Go brin! Go brin! Ond mae Duw yn gallu deall ein meddyliau a'n teimladau. Mae'n gwybod pan fyddwn yn ofnus a phryderus. Mae'n gwybod pan fyddwn yn hapus ac yn llawen.

● O dro i dro byddwn yn hel meddyliau cas am rywun arall. Efallai fod rhywun wedi gwneud tro gwael â ni. Ac wedyn rydyn ni eisiau talu'n ôl. Sut fyddwch chi'n teimlo pan fydd rhywun wedi gwneud tro gwael â chi?

Stori:

Dyma stori am dad a merch a gafodd eu hanafu pan ffrwydrodd bom yng Ngogledd Iwerddon ar 8 Tachwedd 1987.

O dan y rwbel gorweddai Gordon a'i ferch Marie.

'Dad,' sgrechiodd Marie, 'wyt ti'n iawn?'

Cydiodd ei thad yn ei llaw. 'Ydw, mach i, wyt ti'n iawn?'

Wrth iddi geisio symud o dan y rwbel, dechreuodd weiddi mewn poen. Cydiodd unwaith eto yn llaw ei thad.

'Dad,' meddai, 'dwi'n dy garu di'n annwyl iawn.' Dyna ei geiriau olaf. Daeth y dynion ambiwlans o hyd iddi a'i thad a'u rhuthro i'r ysbyty. Ond pan gyrhaeddwyd yr ysbyty roedd Marie wedi marw. Roedd ei thad, Gordon, yn fyw.

Y diwrnod wedyn daeth un o ohebwyr y teledu i'r ysbyty i holi ei thad.

'Sut ydych chi'n teimlo o golli eich merch Marie?' holodd y gohebydd.

'Yn drist iawn, iawn. Hi oedd cannwyll fy llygad,' meddai Gordon.

'Beth ydi'ch teimladau at y rhai osododd y bom?'

'Dydw i ddim yn meddwl dim drwg tuag atyn nhw, pwy bynnag oedden nhw. Rydw i'n maddau iddyn nhw.'

Roedd y gohebydd wedi ei syfrdanu o glywed geiriau Gordon Wilson. Pan ddarlledwyd yr eitem ar y newyddion y noson honno, roedd llawer iawn o bobl wedi rhyfeddu clywed yr hyn oedd gan Gordon i'w ddweud. Dyma'r dyn oedd wedi maddau i'r rhai oedd wedi lladd ei ferch.

Trafodaeth bellach:

● Sut ddyn oedd Gordon Wilson?

● Fyddech chi'n barod i faddau i rywun sydd wedi gwneud drwg i chi?

● Pa mor anodd ydi maddau?

Emyn: Weithiau mae 'na bethau: Canu Clod 406

Dyfyniad o'r Beibl:

O Arglwydd, rwyt ti'n fy archwilio i, ac yn gwybod popeth amdana i.

Salm 139:1 beibl.net

Munud i feddwl:

Mae'r gwan yn ei chael hi'n anodd i faddau. Un o nodweddion personoliaeth gref ydi maddeuant.

Myfyrdod/Gweddi:

Mae hi'n anodd iawn maddau i bobl sydd wedi gwneud drwg neu dro gwael â ni. O Dduw, wnei di'n helpu i ddysgu maddau fel y gwnaeth Gordon Wilson? Amen.

Mi ydw i'n hoffi ...

Cysyniadau:	**Cyfeillgarwch, ffyddlondeb, parchu, ymddiriedaeth.**
Amcan:	**Dangos bod cariad yn gallu croesi ffiniau.**
Cyfarpar:	**Llyfr, mwg pêl-droed, modrwy, planhigyn (neu unrhyw wrthrych arall).**

Cyflwyniad:

● Dangos rhai o'r gwrthrychau i'r plant a dweud pam rydych chi'n eu hoffi. Hoffi'r llyfr am ei fod yn cynnwys stori dda. Hoffi'r mwg am eich bod yn cefnogi'r tîm. Hoffi'r fodrwy am eich bod wedi'i chael gan eich gŵr/gwraig ar ddydd eich priodas. Hoffi'r planhigyn am eich bod wedi'i gael gan eich ffrind gorau.

● Dangos pedair brawddeg ar y bwrdd gwyn:
> Mi ydw i'n hoffi Pwt y gath.
> Mi ydw i'n hoffi sglodion.
> Mi ydw i'n hoffi Mam.
> Mi ydw i'n hoffi fy mab/merch.

● Ydi 'Rydw i'n hoffi sglodion' yr un fath â 'Rydw i'n hoffi Mam'? Beth yn union ydi'r gwahaniaeth? Oni fyddai gair gwahanol yn well, 'Rydw i'n caru Mam', 'Rydw i'n caru fy mab/merch'. Mae 'caru' yn air cryfach ac yn dangos perthynas agos rhyngoch â'ch mam a'ch plentyn.

Stori:

Dyma stori o grefydd Islam. Mae cryn dipyn o sôn am y Mwslemiaid yn y newyddion y dyddiau hyn.

Roedd yna ddau frawd. Eu henwau oedd Aban ac Abdul. Roedd gan yr hynaf o'r ddau, Aban, wraig a thri o blant, merch o'r enw Aabish, a dau fab, Afsa ac Aftar.

Ond doedd gan y brawd ieuengaf, Abdul, ddim teulu. Doedd o ddim wedi priodi. Roedd Aban ac Abdul yn ffrindiau gyda'i gilydd ac yn rhedeg y fferm ar ôl i'w tad farw. Roedd y ddau yn rhannu popeth. Rhannu'r gwaith o ddydd i ddydd, rhannu'r tir er mwyn i'r ddau gael yr un faint. Ac adeg y cynhaeaf byddai'r ddau yn rhannu'r cnydau yn gyfartal. Pan oedd pethau'n ddrwg ar y fferm byddai'r ddau yn helpu'i gilydd.

Un diwrnod pan oedd Abdul, y mab ieuengaf, yn cerdded ar draws y caeau arhosodd yn sydyn ar ganol y cae.

'Mi ydw i wedi bod yn meddwl,' meddai wrtho'i hun. 'Mi ydw i newydd sylweddoli fy mod i'n byw ar fy mhen fy hun. Does gen i ddim gwraig na phlant i'w bwydo. Ond mae gan fy mrawd Aban wraig a thri o blant, Aabish, Afsa ac Aftar. Felly, mae'n bwysig iawn ei fod o'n cael mwy o wenith i fwydo ei deulu. Mi wn i beth wna i,' meddai Abdul.

Yna, wedi iddi nosi, aeth Abdul i'r sgubor lle'r oedd yn cadw'r gwenith a chariodd chwe sachaid o wenith a'u rhoi yn sgubor ei frawd.

Ymhellach ymlaen y noson honno pan oedd Aban y brawd hynaf ar ei ffordd adref, dyma yntau yn aros yn stond a dweud wrtho'i hun, 'Mi ydw i'n ddyn eithriadol o hapus. Mae fy mywyd yn llawn. Mae gen i wraig brydferth a thri o blant annwyl a dymunol. Ond does gan fy mrawd druan neb. Felly, mae'n bwysig ei fod o'n cael mwy o wenith.' Yna, aeth i'r stordy ar ei ffordd adref ac aeth â chwe sachaid o wenith i sgubor ei frawd bach.

Yn y bore, sylwodd y ddau frawd fod yr un faint o sacheidiau o wenith yn eu hysguboriau. Ond wnaeth yr un o'r ddau gyfaddef i'w gilydd beth oedden nhw wedi'i wneud.

Digwyddodd hyn o flwyddyn i flwyddyn. Roedd plant Aban wedi tyfu ac wedi gadael eu rhieni. Ond, yn ystod oriau'r nos, roedd y ddau frawd yn dal i roi sacheidiau o wenith i'w gilydd.

Trafodaeth bellach:

● Pa fath o berthynas oedd yna rhwng Aban ac Abdul?

● Oedd hi'n berthynas agos, gariadus?

Dyfyniad o'r Beibl:

Felly, os wyt yn y deml yn addoli Duw, ac yn cofio fod gan dy frawd rywbeth yn dy erbyn, gad yr offrwm a dos i wneud pethau'n iawn efo dy frawd ac yna tyrd a chyflwyno dy offrwm. Mathew 5:23-24 (aralleiriad)

Emyn: Dad, dy gariad yn glir ddisgleiria: Canu Clod 93

Munud i feddwl:

Er ein bod yn gallu hedfan i'r gofod, a phlymio i ddyfnderoedd y môr, eto i gyd dydyn ni ddim wedi dysgu byw fel brodyr.

Myfyrdod/Gweddi:

Mi ydw i'n hoffi sglodion. Ond yr hyn oedd y brodyr yn ei wneud oedd caru ei gilydd. Helpa ninnau i garu o ddifrif. Amen.

Mynd ar wyliau

Cysyniadau:	**Gofal am eraill, mwynhad, gwerthfawrogi, parchu.**
Amcan:	**Dangos pa mor bwysig ydi cofio am eraill.**
Cyfarpar:	**Bag gwyliau, gwisg nofio, bwced a rhaw, sbectol haul, tywel, eli haul.**

Cyflwyniad:

● Rhoi bag gwyliau ar y bwrdd yn cynnwys gwisg nofio, bwced a rhaw, eli haul, sbectol haul a thywel ynddo.

● Beth fyddwch chi'n fynd efo chi ar eich gwyliau?

● Lle byddwch chi'n hoffi mynd? Dramor neu aros yng Nghymru?
I lan y môr neu crwydro o gwmpas y wlad?
Neu ydy'n well gennych chi aros adref? (Byddwch yn ofalus rhag ofn na fydd rhai plant yn mynd ar eu gwyliau.)

● Cerddwch o gwmpas efo'r bag gwyliau gan gymryd arnoch ei fod yn drwm a'ch bod yn mynd ar eich gwyliau y diwrnod ar ôl i'r ysgol gau am y gwyliau. Tynnwch gynnwys y bag allan fesul un gan ofyn tybed oes rhaid cael y gwahanol eitemau. Tynnwch y wisg nofio ar y diwedd – er mwyn i'r plant gael dipyn o hwyl!

● Tybed oes yna rywbeth ar goll?
Beth fydden nhw'n ei roi yn y bag?

● Tybed fydden nhw angen rhywbeth ychwanegol os oedden nhw'n mynd ar wyliau cerdded neu i'r wlad?

Trafodaeth bellach:

Hysbyseb am wyliau rhagorol:

Cofiwch:

- Pacio'ch bag y munud olaf. Ei lenwi i'r ymylon efo pob math o bethau.
- Pan fyddwch yn cyrraedd y maes awyr gwneud yn saff fod eich pasbort yn ddiogel. Does dim rhaid chwilio amdano cyn cychwyn o'r tŷ.
- Pan welwch chi giw mawr o bobl yn disgwyl yn y maes awyr ewch ar eich union i ffrynt y ciw.
- Ar ôl mynd i mewn i'r awyren gwnewch ddigon o sŵn a cherddwch yn ôl a blaen.
- Ar ôl cyrraedd y gwesty rhedwch ar hyd y coridor, ewch i fyny ac i lawr yn y lifft a neidiwch i mewn ac allan o'r pwll nofio.
- A chofiwch, y chi sydd i fod gyntaf yn y ciw pan fydd y ffreutur yn agor ar gyfer brecwast, cinio a swper.
- Gwnewch hyn i gyd ac fe gewch wyliau i'w gofio am byth. Mwynhewch.

Trafodaeth bellach:

- Ydych chi'n meddwl bod yr hysbyseb hwn yn un da? Pam?

- Beth fyddech chi wedi'i gynnwys neu ei hepgor yn yr hysbyseb?

- Mae'n rhaid gwneud yn saff fod y pethau angenrheidiol gennym ond tybed a oes angen pethau eraill?

- Beth am i ni fynd ag 'agwedd' garedig tuag at bobl eraill? Yn aml iawn yn y maes awyr mae pobl yn rhuthro a gwthio er mwyn cael bod ar flaen y ciw. Ai dyna'r agwedd gywir?

- Beth am fod yn 'bwyllog'? Gall y daith ar yr awyren, y llong neu'r car fod yn daith hir. Felly mae'n rhaid dysgu bod yn amyneddgar er mwyn mwynhau'r gwyliau.

● A beth am 'fwynhau' a dangos 'brwdfrydedd'? Yn aml iawn mae rhywun yn clywed, 'Dydw i ddim eisiau mynd' neu 'Mae'n well gen i aros yn y gwesty' neu 'Mae'r daith yn hir. Pa bryd ydyn ni'n mynd i gyrraedd pen y daith?'

● Cofiwch roi yr 'agweddau' hyn i gyd yn y bag gwyliau. Cofiwch fod y teulu i gyd ar eu gwyliau, nid chi'n unig.

● Felly cofiwch am y pethau angenrheidiol – y sbectol haul ac eli haul – ond cofiwch hefyd am y pethau cadarnhaol sy'n bwysig iawn pan fyddwch yn mynd ar eich gwyliau. A bydd pawb wedyn yn mwynhau gwyliau gwerth chweil.

Emyn: Dewch, ymunwch yn y dathlu: Canu Clod 106

Dyfyniad o'r Beibl:
Roedd llawer iawn o bobl yn dilyn Iesu a'i ddisgyblion:
Ond roedd cymaint o bobl yn mynd a dod nes bod dim cyfle iddyn nhw fwyta hyd yn oed. Felly dyma Iesu'n dweud, "Gadewch i ni fynd i ffwrdd i rywle tawel i chi gael gorffwys." Marc 6:31 beibl.net

Munud i feddwl:
Gwyliau ydi'r unig beth yr ydych yn ei brynu sy'n eich gwneud yn gyfoethocach.

Myfyrdod/Gweddi:
Diolch i ti, O Dduw, am y rhodd o wyliau. Rydym wrth ein boddau yn cael mynd ar wyliau neu aros adref i chwarae efo ffrindiau. Cadw ni'n ddiogel lle bynnag y byddwn a helpa ni i fwynhau pob munud. Mi fydd yr amser i ni fynd yn ôl i'r ysgol yn dod yn ddigon buan. Diolch. Amen.

Nionyn – Winwnsyn

Cysyniadau: Cenfigen, cyfeillgarwch.

Amcan: Dangos fel y gall cenfigen amharu ar berthynas dda.

Cyfarpar: Nionyn, llwy de, cyllell i blicio'r nionyn.

Cyflwyniad:

● Cyn dangos y nionyn rhoi pos i'r plant. Beth sy'n gwneud i chi grio ac mae'n gadael ei arogl ar ei ôl? Ar ôl i'r plant gael cyfle i ymateb dangos y nionyn. Mae hwn yn cael ei ddefnyddio yn y gegin. Bydd yn cael ei roi mewn salad, yn cael ei goginio mewn stiw a lobsgóws. Bydd hefyd yn cael ei roi mewn byrger ac mae rhai mathau o greision yn blasu o nionyn.

● Mae nionod/winwns yn cynnwys fitamin C. Os ydych wedi cael eich pigo gan wenyn maen nhw'n dweud mai'r ffordd orau i leddfu'r boen ydi rhwbio sudd nionyn ar y pigiad. Yn ôl rhai pobl mae cymysgu sudd nionyn a mêl yn gallu'n helpu i gael gwared ag annwyd.

● Dowch i ni wneud arbrawf. Un ffordd o'n rhwystro rhag crio wrth blicio nionyn ydi rhoi llwy de yn eich ceg. Dowch i ni roi tro arni. Oedd yr arbrawf yn gweithio? (Gwell fyddai i'r arweinydd blicio'r nionyn – iechyd a diogelwch!)

● Ond mae un anfantais fawr wrth ddefnyddio'r nionyn i goginio. Mae'n gadael ei ôl. Bydd yr arogl ar eich dillad a hefyd yn llenwi'r tŷ. Mae hefyd yn gadael blas drwg ar eich gwynt. Mae 'na bethau eraill, hefyd, sy'n gadael eu hôl.

Stori:

Dau ffrind da oedd Dei a Guto. Roedden nhw'n byw drws nesaf i'w gilydd ar y stryd, Dei yn rhif 9 a Guto yn rhif 10. Yn yr ysgol roedden nhw'n chwarae efo'i gilydd. Dros y Sul roedden nhw yn nhai ei gilydd. Ac yn ystod y gwyliau byddai'r ddau deulu yn mynd dramor ar eu gwyliau. Os byddai Dei wedi cael dillad newydd byddai Guto eisiau dillad 'run fath. Ac os byddai Guto wedi cael tegan newydd byddai Dei yn mynnu cael tegan 'run fath. Ac i ychwanegu at hyn roedd y ddau yn cael eu pen-blwydd ar yr un diwrnod. Byddai'r ddau deulu yn dod at ei gilydd i drefnu parti mawr iddyn nhw. Un flwyddyn roedd y parti yn y ganolfan hamdden, a'r flwyddyn wedyn yn y ganolfan ddringo ac felly roedd hi bob blwyddyn.

Ond, un flwyddyn fe ddigwyddodd rhywbeth. Dymuniad Guto oedd cael bwrdd dartiau. Ar ôl swnian ar ei rieni ac addo bod yn fachgen da ac ufudd fe gafodd ei ffordd ei hun. Doedd o ddim wedi dweud gair am y bwrdd dartiau wrth Dei, ei ffrind gorau. Felly ar ddiwrnod y pen-blwydd yn y ganolfan chwaraeon dyma rhieni Guto yn rhoi ei anrheg iddo ac yntau wedyn yn rhwygo'r papur oedd yn gorchuddio'r bwrdd dartiau. Yr eiliad honno roedd Dei yn ymbil ar ei rieni, 'Plîs, ga i fwrdd dartiau? Un 'run fath â Guto.'

'Na' meddai'i dad wrtho, 'mae'n rhy beryg rhag ofn i'r dartiau fynd i lygaid Swyn dy chwaer fach.'

Weddill y pnawn bu Guto a Dei yn chwarae dartiau. Pan oedd pawb yn hwylio i fynd adref dyma Dei yn gafael yn y dartiau, a'u rhoi yn ei boced. Cyn cyrraedd y tŷ taflodd y dartiau i ganol y llwyni ar ochr y ffordd.

Bu Guto yn chwilio a chwilio'n ddyfal am y dartiau. Ond ddywedodd Dei ddim gair.

Yn yr ysgol fore Llun dywedodd Marged ei bod wedi gweld Dei yn rhoi'r dartiau yn ei boced. Er bod Guto a Dei yn dal i fyw drws nesaf i'w gilydd fuon nhw ddim yn ffrindiau wedyn. Fe wnaeth Dei dro sâl â Guto. Yn union fel arogl nionod roedd yr arogl wedi aros am rai misoedd.

Trafodaeth bellach:

- Sut byddech chi'n disgrifio perthynas Guto a Dei?

- Pam oedd Dei yn genfigennus?

- Ydych chi'n meddwl eu bod wedi dod yn ffrindiau wedyn?

Emyn: Iesu yw fy ffrind: Canu Clod 242

Dyfyniad o'r Beibl:
Mae ffrind yn ffyddlon bob amser. Diarhebion 17:17 beibl.net

Munud i feddwl:
Mae ffrind da yn fy ngwneud i yn berson gwell.

Myfyrdod/Gweddi:
Diolch am Iesu Grist sydd yn barod i'n helpu i ddod yn ffrindiau efo'n gilydd. Amen.

Plastig

Cysyniadau:	**Gofal, parchu, amddiffyn, arbrofi.**
Amcan:	**Dangos bod ein llygredd ni yn amharu ar y byd o'n cwmpas.**
Cyfarpar:	**Bag plastig, cerdyn banc, peipen blastig, tegan plastig, potel ddŵr.**

Cyflwyniad:

● Beth sydd ar y bwrdd heddiw? Codi'r gwrthrychau fesul un a gofyn beth sy'n gyffredin rhyngddyn nhw. Maen nhw i gyd wedi'u gwneud o blastig. Dyfeisiwyd plastig am y tro cyntaf gan fferyllydd o wlad Belg o'r enw Leo Baekeland yn 1905.

● Mae plastig yn cael ei wneud o olew. Mae'n ddefnyddiol iawn gan ei fod mor hyblyg fel y bag plastig i roi nwyddau ynddo. Mae hefyd yn galed fel y tegan neu'r beipen blastig. Mae cant a mil o bethau defnyddiol iawn wedi'u gwneud o blastig.

● Ond mae plastig yn gallu bod yn niweidiol gan ei bod yn anodd iawn cael gwared â phlastig. Fe all gymryd rhwng 300 a mil o flynyddoedd i gael gwared â nwyddau plastig.

● Erbyn hyn mae plastig yn broblem fawr yn ein moroedd a'n cefnforoedd. Mae plastig yn llygru'r moroedd. Gan ei bod yn anodd iawn cael gwared â'r plastig mae'n aros yn y moroedd am flynyddoedd neu ganrifoedd.

● Dyma ychydig o ffeithiau i ni feddwl amdanyn nhw: (Gellir dangos y rhain ar y bwrdd gwyn.)

- Mae mwy nag 8 miliwn o dunelli o blastig yn cael ei daflu i'r cefnforoedd bob blwyddyn.

- Mae anifeiliaid fel y siarcod, dolffiniaid a chrwbanod môr yn bwyta'r plastig gan feddwl mai bwyd y môr ydi o. Mae adar y cefnforoedd, fel yr albatros, yn cael eu dal yn y rhwydi plastig ac yn methu dod yn rhydd ac yn y diwedd yn marw.

- Ond dyma un ffaith ychwanegol; yn nes adref y tro hwn. Mae'n siŵr fod ganddoch chi beiriant golchi dillad adref. Gan fod rhai dillad yn cael eu gwneud o ddarnau mân o blastig mae'r darnau mân yma'n arllwys allan o'r peiriant ac yn mynd efo'r dŵr carthffosiaeth a hwnnw yn ei dro yn mynd i'r afonydd a'r moroedd.

Trafodaeth bellach:

- Sut medrwn ni leihau ein defnydd o blastig? Peidio defnyddio bagiau plastig sydd ar gael (am 5c!) yn ein harchfarchnadoedd.

- Ailgylchu ac ailddefnyddio. A oes angen cymaint o blastig i orchuddio gwahanol fwydydd?

- Oes angen prynu dŵr mewn potel blastig? Beth am ddŵr o'r tap? Mae 90% o bris y botel ddŵr yn mynd am y potelu, pacio a marchnata. Bydd y poteli wedyn yn cael eu cuddio yn y domen sbwriel am flynyddoedd. Yn Guatemala, yng Nghanolbarth America, mae rhai o'r trigolion yn defnyddio briciau wedi'u gwneud o boteli plastig a'u llenwi â phob math o sbwriel plastig i adeiladu tai.

- Yn ninas Joygopalpur yn yr India maen nhw'n gwneud briciau plastig o wastraff sbwriel sef bagiau plastig. Mae'r briciau hyn yn gryf ac yn gallu gwrthsefyll tywydd garw.

- OND mae un stori ryfeddol arall. Yn 2012 yn fforestydd trofannol Ecuador yn Ne America mae gwyddonwyr wedi darganfod ffwng, math o fadarch sy'n gallu 'bwyta' plastig. Does gan y ffwng hwn ddim enw Cymraeg na Saesneg (hyd yn hyn) a'i enw gwyddonol ydi PESTALOTIOPSIS MICROSPORA. Ac mewn claddfa sbwriel yn Islamabad, Pakistan mae gwyddonwyr wedi darganfod ffwng arall ASPERGILLUS TUBINGENSIS sy'n byw yng nghanol y sbwriel ac yn tyfu ar y plastig. Mae hyn yn newyddion da. Mae Mistar ar Mistar Mostyn!

Dyfyniad o'r Beibl:

Yn y dechreuad creodd Duw y nefoedd a'r ddaear ... Gwelodd Duw y cwbl a wnaeth, ac yr oedd yn dda iawn. Genesis 1:1, 31 BCND

Emyn: Gofalodd Duw: Clap a Chân i Dduw 15

Munud i feddwl:

Rydyn ni'n gwybod y gwahaniaeth rhwng bag plastig a slefren fôr ond dydi'r crwban môr ddim.

Myfyrdod/Gweddi:

Diolchwn am y byd. Am y prydferthwch o'n cwmpas – y mynyddoedd, y dyffrynnoedd, yr afonydd, y llynnoedd a'r moroedd. Ond rydym wedi difetha ac wedi llygru'r byd. Gwnawn ein gorau i ddiogelu ein planed. Amen.

Rhagfarnau

Cysyniadau: **Cyfeillgarwch, cenfigen, dewrder, parch, cryfder, hiliaeth.**

Amcan: **Dysgu dangos parch at bobl sy'n wahanol i ni.**

Cyfarpar: **Tri parsel, dau wedi eu gorchuddio â phapur lliwgar a'r trydydd wedi'i orchuddio â phapur brown.**

Cyflwyniad:

● Gosod y tri bocs ar y bwrdd. Yn y ddau focs â phapur lliwgar rhoi rhywbeth hollol ddiwerth fel papur newydd wedi'i wneud yn belen ac yn y trydydd bocs rhoi anrheg gwerth chweil. Gofyn i'r plant pa un fydden nhw'n hoffi'i agor a pham? Ydy'r gorchudd lliwgar wedi dylanwadu arnyn nhw? Gadewch i'r plant agor y bocsys yng ngŵydd y gweddill.

Trafodaeth bellach:

● Cyfle i egluro y gall diwyg ac ymddangosiad fod yn gamarweiniol a thwyllodrus. Dydi'r hyn sy'n edrych yn ddeniadol o'r tu allan ddim mor ddiddorol o'r tu mewn. Doedd pwyso a mesur diwyg y bocsys o ddim help.

● Mae hyn yn wir am bobl hefyd. Gellir, os dymunir, gyfeirio yn y cyd-destun hwn at unigolyn neu rywun dieithr sy'n ymddangos yn gyfeillgar, yn barod i rannu melysion a siocledi neu gynnig rhoi reid i chi yn y car ddim mor garedig ag y mae'n ymddangos. Angen bod yn wyliadwrus a sensitif iawn wrth gyflwyno'r elfen hon!

Stori:

Dyma stori Martin Luther King:

Dyma i chi stori am fachgen tywyll ei groen a gafodd ei siomi ar ddiwrnod ei ben-blwydd.

Cychwynnodd Martin a'i dad i lawr y stryd. Roedd hwn yn ddiwrnod arbennig iawn i'r bachgen. Ers wythnosau roedd wedi edrych ymlaen at ddydd ei ben-blwydd, sef Ionawr 15. Diwrnod oer iawn oedd y diwrnod hwnnw. Chwythai'r gwynt ac o dro i dro roedd ambell bluen eira yn disgyn. Mor braf oedd cael troi i mewn i un o'r siopau. Roedd hi'n gynnes yn y siop. Siop esgidiau oedd hon ac arogl lledr yn llenwi'r lle. Roedd pob math o esgidiau ar y silffoedd. Roedd Martin â'i lygaid ar bâr o esgidiau duon, trwm. Byddai'r rhain i'r dim i fynd i'r ysgol. Rhain fyddai ei esgidiau gorau. Dyma esgidiau i fynd i'r capel ar y Sul.

Eisteddodd Martin a'i dad ar y cadeiriau yn ffrynt y siop.

'Mae'n ddrwg gen i,' meddai'r siopwr, 'ond mae'n rhaid i chi fynd i eistedd ar y cadeiriau ym mhen draw'r siop.'

'Ond,' meddai tad Martin, 'does neb yn eistedd ar y rhain, felly, fe eisteddwn ni yma. Mae'r rhain yn gadeiriau cryfach na'r rhai yna yn y cefn.'

'Na,' meddai'r siopwr yn benderfynol. 'Mae'n rhaid i chi eistedd ar y cadeiriau yn y cefn. Cadeiriau ar gyfer pobl dywyll eu croen ydi'r rhai cefn. Dim ond pobl wyn sy'n cael eistedd ar y cadeiriau gorau yn y ffrynt.'

Erbyn hyn roedd y siopwr wedi gwylltio'n gacwn.

'Os ydych chi eisiau esgidiau newydd, yna mae'n rhaid i chi eistedd ar y cadeiriau acw,' meddai gan bwyntio at y cadeiriau bregus yn y cefn.

Meddai tad Martin yn fonheddig, 'Os nad ydyn ni'n cael eistedd ar y cadeiriau yn ffrynt y siop, fyddwn ni ddim yn prynu esgidiau newydd.'

'Na,' meddai'r siopwr yn benderfynol. 'Y cadeiriau yn y cefn sydd ar gyfer pobl dywyll eu croen.'

Cerddodd Martin a'i dad law yn llaw o'r siop. Bu'n rhaid iddo aros am fisoedd am yr anrheg pen-blwydd.

Trafodaeth bellach:

● Sut oedd Martin yn teimlo yn y siop esgidiau?

● Beth oedd agwedd y siopwr tuag at Martin? Pam?

● Fyddech chi'n cytuno ag agwedd tad Martin?

Dyfyniad o'r Beibl:

Roedd rhai o'r bobl grefyddol wedi sylwi nad oedd rhai o ddisgyblion Iesu yn golchi eu dwylo yn y ffordd iawn cyn bwyta. Dywedodd Iesu mai'r hyn sy'n dod allan o'r galon sy'n ein gwneud yn ddrwg. O'r tu mewn i chi mae meddyliau drwg yn dod. Marc 7:2, 20 (aralleiriad)

Emyn: Pan fo angen cymydog: Canu Clod 330

Munud i feddwl:

Os ydych chi eisiau chwarae cerddoriaeth ar y piano mae'n rhaid i chi chwarae'r nodau du a gwyn efo'i gilydd.

Myfyrdod/Gweddi:

O Dduw, mi ydw i'n rhy barod i weld bai ar blant a phobl am eu bod nhw'n wahanol i mi. Helpa fi i weld y gorau ym mhawb. Amen.

Rhannu'n deg

Cysyniadau:	**Cyfiawnder, dyfalbarhad, gofal, hunan aberth, rhannu.**
Amcan:	**Dangos pwysigrwydd Wythnos Cymorth Cristnogol a'n dyhead i helpu eraill.**
Cyfarpar:	**Amlen goch Cymorth Cristnogol. Fferins a 5 plât.**

Cyflwyniad:

● Ydych chi wedi gweld yr amlen hon o'r blaen? Efallai y bydd rhai o'r plant wedi'i gweld yn y capel/eglwys neu wedi dod drwy'r drws. Yn ystod wythnos arbennig bob mis Mai bydd casgliad yn cael ei wneud i helpu pobl mewn angen. (Os yn bosib gellir cysylltu'n uniongyrchol â Swyddfa Cymorth Cristnogol yng Nghaerdydd.)

Dyma ychydig o ffeithiau am Cymorth Cristnogol:

● Mae Cymorth Cristnogol Cymru yn cydweithio â mudiadau ieuenctid, ysgolion, cymunedau ac eglwysi mewn dros 40 o wledydd.

● Mae aelodau o dîm Cymorth Cristnogol Cymru yn ymweld ag eglwysi ac ysgolion ledled Cymru i siarad am eu gwaith.

● Pob mis Mai bydd Cymorth Cristnogol Cymru yn casglu arian ledled Cymru i helpu pobl mewn angen mewn gwledydd eraill.

● Nid ar gyfer Cristnogion yn unig y maen nhw'n casglu ond ar gyfer pawb, i ba bynnag grefydd maen nhw'n perthyn neu ddim crefydd o gwbl.

Tasg:

Gwahodd pump o blant i ddod allan a rhoi plât i bob un ohonyn nhw. Rhannu fferins yn gyfartal ar bob plât yn ei dro. Gwneud hyn deirgwaith neu bedair.

Newid y patrwm a rhoi mwy i un plentyn a'r lleill i gael dipyn llai. Erbyn y diwedd bydd un plentyn wedi cael llawer mwy na'r lleill.
- Holi'r plant ydi hyn yn deg?

Trafodaeth bellach:
- Trafod fel y mae rhai gwledydd yn cael mwy na'r lleill. Mae'n bur debyg y bydd y plant yn gwybod am angen plant mewn gwledydd fel Affrica. Plant sydd heb ddim byd. Dim cyfle i fynd i ysgol. Dim dillad, dim bwyd a diod. Dim arian. Gorfod byw ar gardod. Dyna pam fod arian Cymorth Cristnogol yn cael ei rannu ymhlith y gwledydd tlotaf yn y byd.

- Rydyn ni'n cael mwy na digon. Os byddwn angen bwyd fe allwn fynd i'r siop neu'r archfarchnad. Angen dillad – mynd i'r siop neu archebu ar y we. Cael ein dysgu yn yr ysgol. Cartref i fynd iddo a rhieni i ofalu amdanom.

- Dangos fel roedd un plentyn wedi cael gormod o fferins ac un neu ddau wedi cael dau neu dri. Gofyn ydi hyn yn deg? Sut felly y dylid rhannu'r fferins? Gadael i'r plant rannu'r fferins ymhlith ei gilydd fel bod pob un yn cael yr un faint.

- Yn ystod yr wythnos hon bydd pobl yn mynd o gwmpas y tai i gasglu at Cymorth Cristnogol. Efallai eich bod wedi gweld yr amlen goch wedi dod drwy'r blwch postio. Dyma i chi beth oedd profiad dau o'r casglwyr, sef y bobl sy'n casglu'r amlenni coch.

Judith:
Rydw i newydd adael y coleg ac wedi dechrau fel athrawes yn yr ysgol leol. Fe ofynnwyd i mi fuaswn i'n gwirfoddoli i fynd o gwmpas y pentref i rannu a chasglu amlenni Cymorth Cristnogol. Ar nos Lun roeddwn i'n rhannu'r amlenni o ddrws i ddrws gan ddweud y byddwn i'n ôl ar y nos Wener i'w casglu. Penderfynodd rhai roi arian yn yr amlenni ar y nos Lun i hwyluso'r gwaith i mi. Felly doedd dim rhaid i mi ddychwelyd ar y nos Wener. Ond ar y nos Wener roeddwn ar fy

nhaith unwaith eto, o ddrws i ddrws. Roedd pawb yn ddigon annwyl ac yn barod iawn i roi. 'Fedrwn i ddim byw yn fy nghroen heb roi ryw ychydig i bobl sydd heb ddim byd,' meddai un wraig oedrannus. 'Ar fy mhensiwn ydw i, ond mi ydw i wedi rhoi £10 yn yr amlen i helpu pobl eraill.'

Illtud:
Gweithio i'r cyngor lleol oeddwn i tan yn ddiweddar. Mi ydw i newydd ymddeol ac mi ofynnodd y gweinidog fuaswn i'n gwirfoddoli i rannu amlenni Cymorth Cristnogol. Mi roeddwn i wrth fy modd fod rhywun wedi gofyn i mi wneud er mwyn helpu pobl mewn angen. Croeso cymysg ges i. Rhai yn barod i roi, eraill yn amharod ac yn rhoi'r amlen yn ôl i mi gan ddweud, 'Eisiau iddyn nhw chwilio am waith sydd er mwyn ennill arian i gael bwyd.' Un arall yn dweud, 'Does gen i ddim amser wir, mi ydw i wedi colli'r amlen ac mae'r wraig yn dweud bod y swper ar y bwrdd.'

Trafodaeth bellach:
- Sut groeso gafodd Judith? Beth am y wraig roddodd £10?

- Sut groeso gafodd Illtud? Beth am y gŵr oedd wedi colli'r amlen?

Meddai Iesu Grist:
'Rwyt i garu dy gymydog fel rwyt ti'n dy garu dy hun.' Luc 10:27 beibl.net

Emyn: Rhown gymorth: Mwy o Glap a Chân 49

Munud i feddwl:
Pan fo un cymydog yn helpu'r llall bydd cymunedau yn cael eu creu a'u cadarnhau.

Myfyrdod/Gweddi:
Mae'n rhaid i mi helpu pawb sydd mewn angen. Fedra i ddim peidio. Fedra i mo'u hanwybyddu. Mae'n rhaid i mi wneud. O Dduw, wnei di fy helpu? Amen.

Tyfu i fyny

Cysyniadau: **Helpu a meddwl am eraill, dysgu o brofiad, parchu.**

Amcan: **Dangos i'r plant fel rydym yn tyfu i fyny'n gorfforol, yn feddyliol ac yn emosiynol.**

Cyfarpar: **Dim.**

Cyflwyniad:
● Holi'r plant hŷn i ddechrau am yr hyn y maen nhw'n gallu ei wneud rŵan nad oedden nhw pan oedden nhw'n ieuengach.

● Dyma rai syniadau:
● Roeddwn i ofn yn y tywyllwch ond rŵan mi ydw i'n fwy dewr. Erstalwm dim ond tabl dau oeddwn i'n medru ddweud ond mi ydw i'n gwybod y tablau i gyd erbyn hyn.
● Yn y pwll nofio roeddwn i'n gwisgo rhwymynnau breichiau ond rŵan mi alla i nofio hebddyn nhw.
● Doeddwn i ddim yn gallu sillafu pan oeddwn i'n fach ond mi ydw i dipyn bach gwell erbyn hyn!
● Dewis plentyn o bob dosbarth i ddod allan a sefyll wrth ochrau'i gilydd er mwyn gweld fel maen nhw wedi tyfu'n gorfforol.

● Ond mae yna ffordd arall o dyfu i fyny. Dyma atebion rhai plant.

Sioned:
Pan oeddwn i'n ferch fach roeddwn i, meddai Mam, yn mynnu cael pob dim i mi fy hun. Doeddwn i ddim yn malio am neb arall. Fi ... fi ... fi oedd hi, meddai mam. Y fi oedd eisiau eistedd wrth y bwrdd wrth ochr Dad bob tro. Fi oedd i gael bwyd gyntaf. Ond erbyn hyn mi ydw i'n gadael i Jo fy mrawd bach gael y bwyd gyntaf. Ac os na chaiff o'r

bwyd gyntaf mae o'n pwdu. Dyma fi'n dweud wrth Mam fod Jo wedi pwdu. A dyma Mam yn dweud, 'Felly oeddet tithau'n union. Llyncu mul a chau bwyta.'

Elan:

Pan oeddwn i'n hogan fach mi fyddwn i'n gwylltio'n gacwn os na chawn i fy ffordd fy hun. Pan oeddwn i tua pedair oed a Mam a Dad a'n chwaer fawr yn cerdded ar y stryd dyma fi'n dechrau strancio am mod i eisiau beic pinc oedd yn ffenestr y siop. Mi wnaeth 'na hen ddynes ddod heibio a minnau ar lawr yn cicio a dyma hi'n dweud rhywbeth fel 'Beth sydd, pam wyt ti'n crio?' A dyma fi'n codi ar fy nhraed a rhoi cic iddi yn ei choes. Mi ges i andros o ffrae gan Dad ac mi fuo'n rhaid i mi ddweud sori wrthi. Ar ôl hynny mi ydw i bob amser eisiau helpu pobl mewn oed. Pan ydw i'n meddwl am beth ddigwyddodd mae gen i gywilydd mawr. Mae gen i gywilydd wrth sgwennu'r stori y munud yma.

Arwyn:

Mi ydw i'n cofio ar y fferm adra ac mi oedd gynnon ni gi – ci defaid. Roedd o'n ufudd i Dad bob tro ond pan oeddwn i'n galw arno fo roedd o'n rhedeg yn wyllt. Un diwrnod wnaeth o ddim gwrando a dyma fo'n dod ata i a dyma fi'n ei daro fo ar ei geg. Mi redodd i ffwrdd. A dyma Dad yn gofyn, 'Be wyt ti wedi wneud i'r ci 'ma?'

'Dim byd,' medda fi, 'wir yr.'

Ond fuaswn i byth yn gwneud peth fel 'na eto. Byth.

Trafodaeth bellach:

● Faint ohonoch chi sydd wedi cael profiadau tebyg i rai Sioned, Elan ac Arwyn? Ydi'r digwyddiadau yn codi cywilydd arnoch chi? Pam? Felly nid yn unig rydym ni'n tyfu'n gorfforol ond hefyd yn emosiynol.

● Yn hytrach na meddwl amdanom ni'n hunain mi ydyn ni'n meddwl sut mae pobl eraill yn teimlo fel y wraig gafodd gic gan Elan, neu Sioned yn pwdu a'r ci defaid gafodd ei daro gan Arwyn.

Dyfyniad o'r Beibl:

Meddyliwch am bobl eraill gyntaf, yn lle dim ond meddwl amdanoch chi'ch hunain. Philipiaid 2:4 beibl.net

Emyn: Anfonodd Iesu fi: Canu Clod 14

Munud i feddwl:

Wrth dyfu i fyny rydym yn sylweddoli bod yna bobl eraill yn y byd.

Gweddi:

O Dduw, wrth i mi dyfu i fyny mi hoffwn i fod yn garedig a dysgu caru pawb. Amen.

Y Llosgfynydd

Cysyniadau: **Gwrthdrawiad, goddefgarwch.**

Amcan: **Dangos fel y gall un cam drwg effeithio ar bawb.**

Cyfarpar: **Cyfres o ddominos.**
                      Llun o Ynys yr Iâ (Iceland).

Cyflwyniad:

● Dechrau trwy ddangos llun o Ynys yr Iâ. Cyfeirio at wahanol nodweddion sy'n perthyn i'r Ynys. Mae'r enw'n cyfleu bod yr ynys yn oer, yn enwedig yn nhymor y gaeaf. Yn yr haf bydd y dynion yn mynd allan i bysgota a'r anifeiliaid yn cael eu gadael allan i bori a'r ymwelwyr yn cyrraedd. Mae'r ymwelwyr wrth eu boddau yn gweld y ffynhonnau poethion (giserau) yn tasgu'r cawodydd cynnes o grombil y ddaear.

● Yn ystod mis Mawrth 2010 ffrwydrodd (echdorri) llosgfynydd (folcano) o'r enw EYJAFJALLAJÖKULL. (Byddwch yn ofalus iawn wrth geisio ei ynganu. Gwell fyddai ynganu y llythrennau cyntaf 'eiaf'. Mi wnawn ni alw'r mynydd yn 'Eiaf'.) Roedd bywyd wedi mynd yn ei flaen ar yr Ynys nes y ffrwydrodd 'Eiaf'.

● Ysgydwodd yr Ynys o un pen i'r llall. Dyna lle roedd lafa coch, crasboeth yn tasgu i'r awyr gan chwythu llwch a lludw chwilboeth i bob cyfeiriad. Bu'n rhaid symud pobl ac anifeiliaid i ffwrdd o'r ardal. Roedd cymylau o ludw yn gorchuddio'r awyr a'r haul ac ymddangosai pob man yn llwydaidd. Roedd y lludw poeth yn gorchuddio'r ddaear ac arogl annymunol o gwmpas ymhob man.

● Roedd yr Ynys i gyd yn anhrefn llwyr. Doedd yr awyrennau ddim yn cael mynd o'r Ynys na rhai yn gallu glanio yno rhag ofn i'r lludw wneud niwed i beiriant yr awyrennau. Chwythodd y gwynt y lludw tua'r de o'r Ynys i'r Alban, Iwerddon, Cymru a Lloegr, yna Ewrop a hyd yn oed i gyfeiriad Affrica. Bu'r llosgfynydd yn gyfrifol am wneud niwed i gynifer o wledydd – effaith gynyddol. (Dangos hyn trwy ddymchwel y dominos – taro un a'r gweddill yn syrthio fesul un.)

Trafodaeth bellach:
O dro i dro fe allwn ni fod yn debyg i losgfynydd 'Eiaf'.

Stori:

Dowch i ni gael hanes Gwion. Mae o'n mynd yn ddeg oed. Yn aml iawn, mae Gwion mewn trwbl. Noson o'r blaen ymosododd ar ei chwaer fach am ei bod, medda fo, wedi dwyn ei gas pensiliau. Ond doedd dim o'r fath beth. Ymhen y rhawg daeth Gwion o hyd i'w gas pensiliau tu ôl i'r soffa. Bore drannoeth cyhuddodd ei fam o guddio ei ddillad pêl-droed ond pan oedd ar gychwyn i'r ysgol dyna lle roedden nhw yn ei fag ysgol.

Yna'r diwrnod wedyn yn yr ysgol roedd o mewn helynt efo'r pennaeth. Roedd rhai o'r bechgyn wedi sylwi bod ganddo gyllell yn yr ysgol ac yn ôl pob tebyg roedd wedi bygwth un o'i ffrindiau gorau, 'Os wyt ti'n mynd i ddweud wrth Mr Llewelyn, yna mi wthia i'r gyllell yma i dy fraich.'

Aeth rhai o'r bechgyn yn syth at Mr Llewelyn, y pennaeth.

'Gwion,' meddai Mr Llewelyn mewn llais awdurdodol, 'does gen i ddim dewis ond galw ar eich rhieni i ddod i'r ysgol y munud hwn. Ac os bydd angen mi fydda i'n cysylltu â'r heddlu hefyd. Mae hwn yn achos difrifol iawn, iawn.'

Treuliodd Gwion weddill y bore yn 'stafell Mr Llewelyn yn disgwyl i'w rieni gyrraedd. Roedd o'n gobeithio nad oedd yr heddlu yn mynd i gyrraedd o'u blaenau.

Trafodaeth bellach:

● Mae gweithred Gwion wedi amharu ar ei chwaer, ei rieni, ei ffrindiau yn yr ysgol, yr athrawon a hefyd yr heddlu. Mae ei ymddygiad yn union fel llosgfynydd.

● Sut mae ffrindiau Gwion yn yr ysgol yn teimlo tybed? Beth am ei rieni? A'r athrawon yn yr ysgol?

● Ydych chi'n meddwl bod y pennaeth wedi galw'r heddlu? Beth fuasech chi wedi'i wneud?

Emyn: Weithiau dwi'n gwybod: Canu Clod 405

Dyfyniad o'r Beibl:

Peidiwch â thalu drwg am ddrwg i neb.   Rhufeiniaid 12:17 BCND

Munud i feddwl:

Mae heddiw'n gyfle newydd i ni wneud ffrindiau.

Myfyrdod/Gweddi:

Fel arfer mi ydw i'n ffrindiau efo pawb o'm cwmpas. Wnei di, O Dduw, fy helpu i geisio deall pam rydw i weithiau yn barod i gweryla a ffraeo ac i sylweddoli'r effaith mae hyn yn ei gael ar bobl eraill? Amen.

Y Wifren Wib – Zip

Cysyniadau: Cryfder personoliaeth, dewrder, gweledigaeth, meddwl am eraill.

Amcan: Arddangos cryfder personoliaeth a hynny er mwyn eraill.

Cyfarpar: Darlun o'r Zip World.

Cyflwyniad:

● Dangos darlun neu bamffled Zip World. Oes yna rywun wedi bod ar y Wifren Wib naill ai ym Methesda neu ym Mlaenau Ffestiniog?

● Sut brofiad oedd o?

● Pwy fyddai'n hoffi mynd ar y Wifren? Pam?

Stori:

Dyma i chi hanes un fu ar y wifren wib ond fe aeth i bwrpas arbennig.

'Oes yna rywun yn adnabod Mr Morris, Mr John Morris?' gofynnodd y pennaeth i'r plant.

Doedd gan neb yn yr ysgol ddim syniad pwy ydoedd. Doedd neb wedi'i weld yn yr ardal.

'Wel' meddai'r pennaeth, 'mae Mr Morris yng Nghartref yr Henoed ar hyn o bryd, Cartref Cilgwyn i lawr y ffordd, ac mae o wedi dod i'r ysgol heddiw i ofyn am ein help ni. Mr Morris, fe gewch chi ofyn i'r plant beth yn union ydych chi eisiau iddyn nhw wneud.'

Cododd Mr Morris oddi ar y gadair a safodd gan bwyso ar ei ffon, a'i ben moel yn sgleinio dan oleuadau llachar y neuadd.

'Fel roedd yr athrawes ... wel, y brifathrawes, yn dweud mi ydw i'n byw ers blwyddyn neu ddwy yn awr yng Nghartref Cilgwyn sydd gyferbyn â swyddfa'r post. Mae 'na un ar hugain o bobl tebyg i mi

yn byw yno. Fel y gwelwch chi pobl mewn oed ydyn ni i gyd. Maen nhw'n dweud y bydd rhaid i'r cartref gau os na chawn ni arian i'w gynnal. Mae'r Cyngor wedi dweud yn blaen na fedran nhw ein helpu ni'n ariannol. Felly mae gofyn i ni, y preswylwyr, fynd ati i godi arian.'

Gwrandawai'r plant i gyd yn astud ar yr hyn oedd gan Mr Morris i'w ddweud. 'Mi ydw i wedi penderfynu mod i am fynd ar y Wifren Wib, y Zip Wire.'

Pan glywodd y plant hyn roedd rhai ohonyn nhw wedi dychryn. Hen ŵr fel Mr Morris yn mynd ar y Wifren Wib! NA, byth!

'Mi fydda i'n cael fy mhen-blwydd ymhen tair wythnos,' aeth Mr Morris yn ei flaen. 'Wyddoch chi faint fydd f'oed i?' gofynnodd i'r plant. Cafodd bob math o atebion. Pum deg un, yr un oed â taid, naw deg naw, a rhai yn dweud ei fod dros gant oed.

'Wel!' meddai, 'does yr un ohonoch yn iawn. Mi fydda i'n wyth deg pump.' Roedd rhai o'r plant yn meddwl bod Mr Morris yn hen iawn, iawn.

'A beth ydych chi eisiau i ni fel ysgol ei wneud felly Mr Morris?' holodd y pennaeth.

'Dŵad yma'r bore 'ma ydw i i ofyn a wnewch chi fy noddi ac os y medrwch chi'r plant ddod draw efo'ch athrawon a'ch rhieni i weld dyn wyth deg pump oed yn gwibio ar y Wifren Wib. Bydd hyn yn digwydd wythnos i ddydd Sadwrn nesaf. Fydd 'na ddim ysgol ar ddydd Sadwrn.' Roedd y plant i gyd yn awyddus iawn i weld Mr Morris ar y wifren.

Ac felly y bu. Roedd plant yr ysgol i gyd yno a'r athrawon a'r rhieni yn gwylio Mr Morris yn mynd fel seren wib drwy'r awyr.

Doedd o ddim gwaeth. Pan ddaeth i lawr oddi ar y wifren aeth yn syth at y plant i ddiolch iddyn nhw. Roedd dagrau yn ei lygaid. Am fod y gwynt wedi creu'r dagrau wrth iddo wibio heibio.

'Na,' meddai un o'r plant, 'am ei fod o'n hapus fod yr ysgol wedi'i helpu ac wedi casglu bron iawn i fil o bunnau i gadw Cartref Cilgwyn.' Ymdrech gwerth chweil.

Emyn: Nerthol, nerthol, nerthol: Canu Clod 292

Trafodaeth bellach:

- Sut ddyn oedd Mr Morris? Oedd ganddo bersonoliaeth gref?

- Fyddech chi'n dweud ei fod yn ddyn dewr?

- Ai er ei fwyn ei hun roedd Mr Morris yn mynd ar y wifren?

Dyfyniad o'r Beibl:

Dywedodd Iesu Grist:
"Fel y dymunwch i eraill wneud i chwi, gwnewch chwithau yr un fath iddynt hwy." Luc 6:31 BCND

Munud i feddwl:

Gwnewch eich gorau i bawb hyd yn oed os ydi hynny'n golygu mynd i drafferth.

Myfyrdod/Gweddi:

O Dduw, wnei di fy helpu i wneud fy ngorau dros bawb ac i wneud hynny'n ddirwgnach? Diolch. Amen.

Yn gaeth i ...

Cysyniadau:	**Helpu eraill, cryfder, derbyn eraill, gofalu, penderfyniad.**
Amcan:	**Dangos i'r plant fel mae mynd yn gaeth i gyffuriau yn chwalu bywydau.**
Cyfarpar:	**Dim.**

Cyflwyniad:

● Mae pobl yn mynd yn gaeth i bethau fel ysmygu, cyffuriau, alcohol. Fe ellir bod yn gaeth i gemau ar y ffôn, i-pad, cardiau crafu, dwyn.

● Beth sy'n digwydd i bobl sy'n gaeth i wahanol bethau? Mae hi'n anodd iawn cefnu. Yr hyn sy'n digwydd yw eu bod nhw'n mynd yn ddibynnol ar y drwg. Bydd hyn yn rheoli eu bywydau. Fyddan nhw'n meddwl am ddim arall ond o ble y daw y sigarét neu'r cyffur nesaf.

● Gwyddom am sawl un a ddechreuodd ysmygu yn ifanc ac erbyn hyn maen nhw'n methu'n lân a stopio. Ac maen nhw'n dweud, 'Mae'n biti mod i wedi dechrau pan oeddwn i'n ifanc.'

Stori:

Dyma i chi stori am Linda. Roedd hi newydd symud o'r ysgol gynradd i'r ysgol uwchradd. Fe ddaeth ar draws ffrindiau newydd o wahanol ysgolion cynradd oedd wedi dod at ei gilydd yn yr ysgol uwchradd.

'Wyt ti am ddod i'r Clwb Ieuenctid nos yfory?' gofynnodd Bethan. Dim ond rhyw dair gwaith roedd Bethan wedi cyfarfod Linda yn ystod yr wythnos gyntaf. 'Mae ... ' a dyma Bethan yn enwi cryn hanner dwsin o enethod o'r dosbarth oedd yn aelodau o'r Clwb Ieuenctid.

Ar y dechrau doedd Linda ddim yn awyddus iawn i fynd. Ond

roedd ei rhieni yn barod iddi gael mynd i fwynhau ei hun ac i wneud ffrindiau newydd. Roedd y Clwb yn cyfarfod gryn ddwy filltir o'i chartref ac felly gofynnodd i'w thad fyddai o'n barod i fynd â hi. Erbyn amser cinio ddydd Gwener roedd Linda yn edrych ymlaen ynghyd â'i ffrindiau newydd.

Cafodd noson ddigon difyr yn y Clwb. Cyfle i sgwrsio a dawnsio, a chafwyd sgwrs ddiddorol gan blismon. Sôn roedd o am y peryg o gymryd cyffuriau ac ysmygu ac wrth gwrs y peryg o ddechrau cymryd alcohol. Soniodd y plismon bod y rhai oedd yn cymryd alcohol yn dioddef o salwch. Gwyddai Linda hynny'n dda. Roedd ei mam yn gaeth i alcohol ers blynyddoedd. Yfed gwin coch oedd hi a hynny bob adeg o'r dydd, a phan fyddai Linda yn dod adref o'r ysgol byddai'n cael hyd i'w mam yn cysgu'n drwm. Anodd iawn oedd ceisio'i deffro ac felly byddai Linda'n disgwyl i'w thad a'i brawd mawr ddod adref o'u gwaith.

A dyna lle byddai ffraeo diddiwedd yn digwydd a'i mam yn tyngu na fyddai'n cyffwrdd â'r gwin byth wedyn. Ond erbyn y noson wedyn yr un fyddai'r stori. Cysgu'n drwm a photel wag wrth ei hochr. Dyna oedd Linda wedi'i weld ers beth bynnag saith mlynedd. A doedd dim gwella arni. A dweud y gwir roedd pethau'n gwaethygu. Roedd cael mynd i'r ysgol bob dydd a mynd i'r Clwb ar nos Wener yn ysgafnhau bywyd i Linda. Roedd hi'n cael mynd o sŵn y ffraeo.

Ar ôl gwrando ar y plismon yn sôn am y drwg mae alcohol yn ei wneud, nid yn unig i'r corff ond hefyd i'r meddwl, ac fel mae'n gallu chwalu teuluoedd, y noson honno penderfynodd Linda ei bod am wneud hynny fedrai hi i helpu ei mam.

Ceisiodd bob ffordd. Aeth ati i chwilio pob cornel yn y tŷ i weld lle roedd ei mam yn cuddio'r poteli gwin. Tra oedd ei mam yn cysgu gwagiodd y cwbl i lawr y sinc. Ddywedodd ei mam 'run gair wrthi ond dal i yfed roedd hi tra oedd Linda yn yr ysgol.

Meddyliodd am ffordd arall. Rhoi mwy o sylw i'w mam, mynd â hi allan am dro gyda'r nos a thros y Sul. Cynnal sgwrs efo hi, ac un noson dywedodd yn blaen wrth ei mam, 'Mam, mae gynnoch chi broblem. Mi ydych chi'n yfed gormod. Mae'n rhaid i chi fynd i weld y meddyg mam, rydach chi'n sâl.'

Ac felly y bu. Dyma'r trobwynt. Diolch i Linda. Mi gafodd help gan arbenigwyr ac ers rhai blynyddoedd bellach dydi mam Linda ddim wedi cyffwrdd diferyn o alcohol, ac i Linda mae'r diolch am hynny. Mae wedi gwella'n llwyr erbyn hyn.

Emyn: Aeth Pedr ac Ioan un dydd: Canu Clod 7

Trafodaeth bellach:
- Ai sgwrs y plismon yn y Clwb oedd y trobwynt?

- Beth oedd cyfraniad Linda?

Munud i feddwl:
Mi fedrwch fod yn gaeth i unrhyw beth, hyd yn oed gweld ochr ddrwg i bawb.

Dyfyniad o'r Beibl:
Fe ddaeth disgyblion cyntaf Iesu dan ei ddylanwad. Dyma sut y galwodd Iesu nhw: "Dewch, dilynwch fi." Mathew 4:19 beibl.net

Myfyrdod/Gweddi:
O Dduw, wnei di'n helpu ni i ddarganfod y pethau drwg yn ein bywydau a'n dysgu i ddweud 'na'? Diolch. Amen.

Yn gryfach efo'n gilydd

Cysyniadau:	**Cydweithio, cryfder, dyfalbarhad, gwaith tîm, rhannu.**
Amcan:	**Arwain y plant i feddwl am y cysyniad o nerth mewn undod.**
Cyfarpar:	**Darn o edafedd 1 metr, siswrn i dorri'r edafedd.**

Cyflwyniad:

Darn o edafedd metr o hyd ar y bwrdd. Gwahodd plant i ddod i dorri'r edafedd yn ddau ddarn o'r un maint. Yna rhoi'r ddau ddarn gyda'i gilydd a'u torri'n bedwar ac yn y blaen. Pan fydd yna fwy a mwy o ddarnau bydd y plant yn ei chael hi'n anodd i'w torri.

Stori:

Unwaith roedd yna ddyn oedd yn llwglyd iawn. Doedd o ddim wedi cael bwyd ers dyddiau. Aeth i lawr i lan y môr i geisio dal pysgod i gael pryd o fwyd. Doedd ganddo ddim byd i ddal y pysgod, felly aeth ati gyda'i ddwylo. Bu wrth am hydoedd ond llwyddodd pob pysgodyn i ddianc.

Chysgodd o ddim y noson honno. Roedd ar ei gythlwng. Bore drannoeth aeth unwaith eto i lawr i lan y môr. Daeth dyn dieithr ato. Tybed ai ffrind neu elyn oedd hwn? 'Fedri di fy helpu i ddal pysgod? Mi ydw i bron â llwgu eisiau bwyd,' gofynnodd i'r dyn.

'Wrth gwrs,' meddai'r dyn dieithr. A bu'r ddau wrthi'n ddiwyd. Ond pan ddaeth yr hwyr doedden nhw ddim wedi dal dim.

'Paid ti â phoeni,' meddai'r dyn dieithr. 'Mi af yn ôl i'r pentref i chwilio am fy ffrindiau ac maen nhw'n siŵr o ddod i'n helpu'. A dyna ddigwyddodd.

Bore trannoeth cyrhaeddodd y dyn dieithr a chriw o'i ffrindiau.

Ond doedd gan yr un ohonyn nhw ddim offer i ddal pysgod. Sut ar wyneb y ddaear oedden nhw'n mynd i ddal pysgod? A dyma un o'r dynion yn tynnu rhwyd anferth o'i fag. 'Mi wnawn ni bysgota efo'n gilydd a defnyddio'r rhwyd hon. Fydd na'r un ohonon ni'n llwglyd heno,' meddai'r dyn.

Yn wir i chi, gyda phob un ohonyn nhw'n cydweithio, erbyn gyda'r nos roedd y dyn dieithr a'i ffrindiau wedi dal un, dau ... wyth, naw ... un deg chwech, un deg saith ... un deg naw, dau ddeg o bysgod mawr. Dyma un ohonyn nhw'n cynnau tân ar lan y môr a rhostio'r pysgod. Aeth pob un ohonyn nhw i'r gwely y noson honno wedi cael mwy na digon o bysgod blasus. Cysgodd pob un ohonyn nhw tan y bore.

Trafodaeth bellach:

● Beth oedd yn gyfrifol am y ddalfa fawr o bysgod?

● Beth fyddai wedi digwydd i'r dyn petai wedi aros ar ei ben ei hun?

● Ydi gweithio efo'n gilydd yn beth da bob tro?

Neges o'r Beibl:

Mae angen llawer o wahanol rannau i wneud un corff. Dydy'r llygad ddim yn gallu dweud wrth y llaw, "Does arna i ddim dy angen di!" A dydy'r pen ddim yn gallu dweud wrth y traed, "Does arna i ddim eich angen chi!" 1 Corinthiaid 12:20–21 beibl.net

Trafodaeth bellach:

● Beth fyddai'n digwydd petai'r llygad yn dadlau efo'r traed, neu'r llaw yn dadlau efo'r geg?

● Beth, yn eich barn chi, mae'r darn yma o'r Beibl yn ceisio'i ddweud wrthyn ni?

Emyn: Pe bai gennyf forthwyl: Mwy o Glap a Chân 63

Dyfyniad o'r Beibl:

Dŷn ni'n cydweithio gyda Duw.   2 Corinthiaid 6:1 beibl.net

Munud i feddwl:

Mi fedra i wneud pethau na fedrwch chi,
ac mi fedrwch chi wneud pethau na fedra i.
Efo'n gilydd mi fedrwn ni wneud pethau mawr.

Y Fam Theresa

Myfyrdod/Gweddi:

O Dduw, diolch i ti am y cyfle i gael gweithio efo'n gilydd. Helpa ni i gofio, os ydyn ni'n gweithio efo'n gilydd, er ein bod ni yn wahanol, mi allwn wneud llawer mwy na fedrwn ni wneud ar ein pennau ein hunain. Diolch. Amen.